中国期货业协会期货投资者教育专项基金资助

“讲故事 学期货”金融国民教育丛书

农产品期货

“讲故事 学期货”金融国民教育丛书编写组◎编

中国财经出版传媒集团
中国财经经济出版社

图书在版编目（CIP）数据

农产品期货／“讲故事　学期货”金融国民教育丛书编写组编. --北京：中国财政经济出版社，2019.12（2025.6重印）

（“讲故事　学期货”金融国民教育丛书）

中国期货业协会期货投资者教育专项基金资助

ISBN 978-7-5095-7104-0

Ⅰ.①农…　Ⅱ.①讲…　Ⅲ.①农产品-期货交易-通俗读物　Ⅳ.①F713.35-49 ②F762-49

中国版本图书馆CIP数据核字（2016）第283230号

责任编辑：翁晓红　　　　责任校对：张　凡

封面设计：田　晗　　　　版式设计：董生萍

中国财政经济出版社出版

URL：http：//www.cfeph.cn

E-mail：cfeph@cfeph.cn

社址：北京市海淀区阜成路甲28号　邮政编码：100142

营销中心电话：010-88191537

涿州汇美亿浓印刷有限公司印刷　各地新华书店经销

889×1194　毫米　24开　5.25印张　106 000字

2019年12月第1版　2025年6月河北第5次印刷

定价：25.00元

ISBN 978-7-5095-7104-0

（图书出现印装问题，本社负责调换）

本社质量投诉电话：010-88190744

前　言

近年来，我国期货市场运行质量不断提高，价格发现和风险管理的基础功能得到发挥，在优化资源配置、促进产业升级、提升经济运行效率、维护国家经济金融安全等方面发挥着越来越重要的作用。在新品种不断推出、新业务持续发展、国际化进程稳步推进的大背景下，不仅是机构客户、产业链企业、高净值人群出于规避价格波动风险的迫切需求，将期货这一对冲工具放入资产配置的篮子之中，以期平衡资产收支、实现财富管理目标，一些中小投资者也被价格波动带来的投资机会吸引，成为市场的参与者和流动性的贡献者。

我国投资者群体普遍缺乏系统的金融知识教育，风险识别能力和风险承受能力不高，容易产生投资过程中的非理性行为，不仅造成自身的财务风险，也给市场稳定和金融安全造成隐患。从世界范围来看，随着各国金融消费规模的不断增加和金融创新的快速发展，金融商品或服务日益复杂化，金融知识教育作为对消费者的一种预防性保护，得到了越来越多国家的重视和强化。期货及期权合约的杠杆性、复杂性和投机性，决定了其“高风险、高收益”的特点，将期货知识纳入金融国民教育体系，是一项具有行业前瞻性的工作。

根据国务院办公厅《关于进一步加强资本市场中小投资者合法权益保护工作的意见》（国办发〔2013〕110 号）的有关要求，在中国证监会、教育部联合印发的《关于加强证券期货知识普及教育的合作备忘录》的指导下，期货行业在落实“加大普及证券期货知识力度”“将投资者教育逐步纳入国民教育体系”方面开展了多种探索和实践。由中国期货业协会期货投资者教育专项基金资助编写的《“讲故事　学期货”金融国民教育丛书》就是将复杂的金融知识以尽可能通俗易懂的方式向公众传播的有益尝试。丛书作为系统介绍我国期货市场的基础性教育普及读物，以广大普通投资者为服务对象，满足对期货市场缺乏了解的个人或企业的需求。丛书在编写上突出“讲故事　学期货”的特色，在编写形式上多引用案例故事，形式活泼；在语言上通俗易懂，可读性强；在内容上以“风险教育”为主线，深入浅出，不仅对期货市场的起源发展、交易方法、交易品种等基本知识进行了讲解，而且对期货市场的组织架构、法律法规、风险监管等环节也进行了全方位解读；还考虑到期货行业未来的发展趋势，对期权、场外衍生品等投资者感兴趣的话题作了前瞻性介绍。

衷心希望本套丛书的出版能够为期货投资者了解期货市场、树立风险意识、理性参与期货交易提供有益的帮助。

“讲故事　学期货”金融国民教育丛书编写组

2019 年 12 月

目　录

主粮篇

油脂油料篇

主粮篇

（一）黑土地上的大高个——玉米

疑蔗疑粱向昊伸，形如苞笋抱娘亲。

——乐陶轩主人《玉蜀黍》

1. 慈禧太后和“玉米”（玉米在国内的栽培历史）

光绪二十六年，八国联军进攻北京，慈禧太后挟光绪帝等仓皇出逃，当日夜宿京郊西贯市，当地清真寺的阿訇蔡万春等人急忙备膳。经过长途颠簸、水米未进的慈禧，捧吃着热腾腾的大窝头，甚觉可口。于是便问这是什么做的，李莲英答曰：这是棒子做的。太后听罢言道：这么好吃的东西，为什么叫棒子，改叫“御米”吧！从此棒子有了御封的新名，久而久之，便写成了“玉米”。

玉米原产于拉丁美洲。1492 年哥伦布发现新大陆后，把玉米带到西班牙，以后又由西班牙传遍全世界。玉米传入中国大约在16世纪中叶以前。

玉米传入中国后，由华南、西南、西北向国内各地传播。因为是新引入的作物，每在一地推广，当地便给它取一名称，因而玉米的异称甚多。除称番麦、西天麦、玉蜀黍外，还有包谷、六谷、腰芦等名称。到20世纪30年代，玉米种植已占全国作物种植总面积的9.6%，在粮食作物中产量仅次于稻、麦、粟，居于第4位；20世纪50年代，玉米栽培有了更大发展，播种面积远远超过了粟而跃居第3位（见图1）。

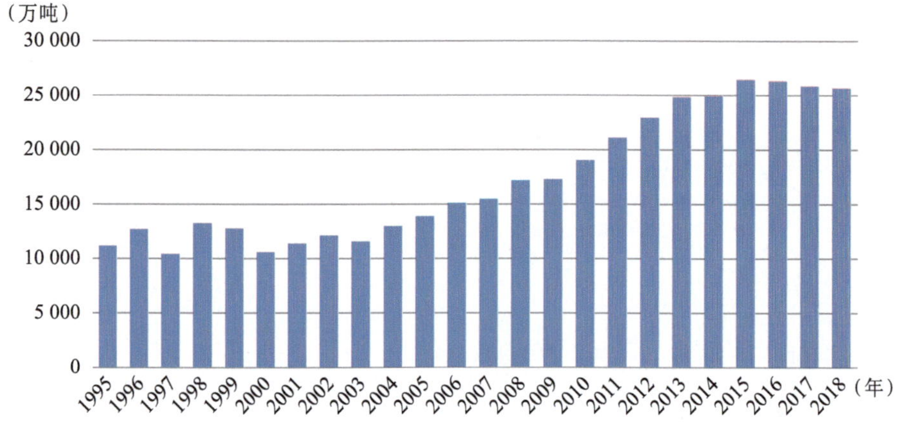

图1　中国玉米产量

小贴士

玉米期货的历史

玉米是世界上最早的期货交易品种，也是最重要、最成熟的交易品种之一。玉米期货起源于美国。早在1848年，美国中部地区种植玉米的农民为了防止秋收后面临的价格风险，就在春季播种时提前卖出玉米，由此形成了现代玉米期货交易的雏形。1865年，玉米期货成为世界上第一张标准化期货合约在美国芝加哥期货交易所（CBOT）进行交易。20世纪70年代中期前，玉米是世界上成交量最大的期货合约。

我国玉米期货的历史

玉米期货曾在长春联合交易所上市，因管理混乱于1995年停止交易。2004年9月22日，玉米期货在中国大连商品交易所（简称“大商所”）重新上市，发展迅速，运行平稳，市场功能作用发挥较好。吉林、黑龙江等玉米产区有众多农户在种植、销售过程中参考大商所玉米期货价格，众多玉米贸易、加工企业以及饲料等企业在经营过程中也以大商所玉米期货价格作为重要参考。

2. 北纬40°上的“黄金”（玉米种植区域和分布以及生长条件）

黄金玉米带，指最适合玉米种植生长的黄金地带。我国的吉林玉米带，与美国玉米带、乌克兰玉米带并称为“世界三大黄金玉米带”，均位于北纬40°附近。

黄金玉米带让吉林变成了中国产粮大省，并深刻影响了这里的作物种植结构。吉林省并不是一开始就大规模种植玉米的。以长春市及周边地区为例，过去该地区一直是我国东北大豆的最大集散地，出口量大，因此当时被国际上称为“豆城”。中华人民共和国成立后，该地区玉米种植开始慢慢增加，1979年以后国务院采纳了发展东北地区玉米带的建议，经过几十年的发展，该地区成为世界瞩目的玉米产区。

以长春平原为核心的这块土地之所以成为黄金玉米带，因其具有三大独特的地理优势：年平均400—800毫米的丰沛降水、年日照近3 000小时、肥沃的黑土地。生长在黄金玉米带的玉米品质优异，含油量平均比其他地区高0.3%，蛋白质含量平均比其他地区高0.5%。

小贴士

我国玉米种植区域

北方春播玉米：包括黑龙江、吉林、辽宁和内蒙古，河北、陕西和甘肃的一部分，占全国玉米面积的40%左右，产量占45%左右，种植制度为一年一熟。

黄淮海夏播玉米：包括黄河、淮河，还有流域中下游的山东、河北大部分、山西中南部，关中和江苏省徐淮地区，占全国玉米播种面积的25%左右，产量占全国的25%左右，种植制度为一年两熟。

西南山地玉米区：包括四川、云南、贵州、陕西南部、广西、湖南、湖北的西部丘陵地区以及甘肃的一小部分，玉米播种面积占15%。该地区地势复杂，种植制度从一年一熟到一年三熟均有。

南方丘陵玉米区：包括广东、海南、福建、浙江、江西、台湾、安徽的南部、广西、湖南、湖北的东部，是我国的水稻产区，玉米种植面积很少，占全国种植面积的10%左右。

西北灌溉玉米区，包括新疆、甘肃的河西走廊以及宁夏河套灌溉区，占全国播种面积的10%。

青藏高原玉米区，包括青海和西藏，玉米种植历史短，面积小。

3. 中国好玉米（玉米的品种介绍）

市场上玉米的品种很多，按照口感主要分为三种：糯玉米、甜玉米和老玉米。按照颜色分，有白的、紫的、黄的，还有各种颜色相间的。不同颜色的玉米，是因为其所含的色素不一样，品种也不一样，保健功能也不同。与白色玉米相比，紫玉米中含有花青素，所以有抗氧化、防衰老的作用；黄玉米含有胡萝卜素和玉米黄素，对维护视力有很大的好处。糯玉米一般是白色的，甜玉米和老玉米一般是黄色的。

我们一般说的玉米就是黄玉米，大宗交易中也是黄玉米，而高赖氨酸玉米、糯玉米、甜玉米、爆裂玉米、高油玉米等属于特用玉米。

小贴士

我国玉米期货的交易品种（交割标的）

在我国，黄玉米是各地普遍种植的品种，年产量大约占总产量的95%以上。白玉米主要作为食物使用，黄玉米主要用作饲料加工，大商所规定玉米期货的交易品种为黄玉米。大商所主要以玉米国标GB1353为基础，同时参照国际标准，规定了标准合约中的玉米质量标准。大商所规定，玉米期货合约的交割品必须符合容重≥675克/升，杂质含量≤1%，水分含量≤14%，不完善粒总量≤8%，其中生霉粒≤2%。

4. 能量饲料之王（玉米的饲料用途）

玉米之所以大量地被应用于禽畜的养殖中，被称为能量饲料之王，是因为它的可利用能量最高。判定能量饲料的标准是每千克饲料干物质中消化能在10兆焦以上，高于12.5兆焦的就属于高能饲料。玉米的消化能为14.06兆焦/千克，高者可达15.06兆焦/千克，所以玉米可利用能是谷类籽实中最高的。

另外，玉米具有适口性好、没有使用限制、价格低廉的特点，它的诸多营养价值也非常有特点。

此外玉米的秸秆也具有一定的价值，玉米秸秆既可青贮，也可直接饲喂。全国每年约生产玉米秸秆2 000多亿千克，是一个巨大的潜在饲料来源，就食草动物而言，特别是对玉米秸秆进行青贮、黄化、氨化及糖化处理后，可大大提高利用率，效益可观。

小贴士

玉米的消费现状

玉米用途广泛，主要包括食用、饲用、深加工使用。玉米的食用消费通常保持稳定，消费主要源自人们的饮食习惯。饲用消费方面，玉米是良好的能量饲料，可直接喂养牲畜和家禽，特别适用于生猪、肉牛、奶牛、肉鸡的饲养。同时，玉米也是重要的工业原料，在初加工、深加工后可生产几百种产品。我国玉米加工产品主要有玉米淀粉、淀粉糖、变性淀粉、酒精等。2017—2018 作物年度，我国玉米消费量为 2.2 亿吨，其中消费量最大的是饲用消费，为 1.4 亿吨，约占 64%；工业深加工消费约为 0.65 亿吨，约占总消费量的 30%；其余为食用、种用、损耗及其他（见图 2）。

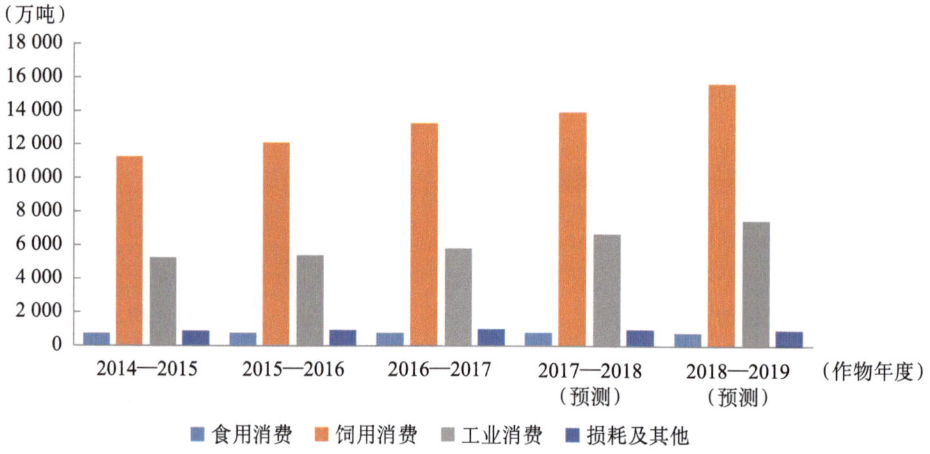

图 2　中国玉米消费情况

5. 买了 30 年玉米的大学教授（玉米的季节性）

查理是一位大学的教授，最近他成了学校里面的风云人物，被学生们封为偶像。原因是，他的女儿在 Facebook 上晒出了他 40 多年的投资经历，他从 1 000 美元开始做起，居然赚了上千万美元。

查理是芝加哥人，家里有 10 英亩的土地，种玉米和大豆。20 世纪 60 年代末，未满 20 岁的查理发现家里的玉米补贴和玉米期货息息相关，于是他开始关注起玉米期货。经过几年的观察后，查理发现了一个现象：在每年的 4

月到9月，也就是在玉米的整个生长期，玉米期货市场的焦点完全转移到了玉米的自然灾害上。特别是在7月和8月玉米的关键生长期，只要天气或者玉米的生长稍微出点问题，期货价格就会一窝蜂地先涨一波再说，这个趋势在玉米的真实产量确定之前一般很难改变。

1975年初夏，年满25岁的查理拿着打工赚来的1 000美元正式进入期货市场，他根据自己的计划，买了12月到期的玉米期货。那时候，玉米正值上市以来的最低点，市场人气低迷，农民种植玉米的意愿也非常低。谁想到，到了6月，随着中西部部分地区持续高温的消息传出，玉米期货价格开始上涨。查理进一步调查发现，这场持续的高温天气正在美国中西部玉米种植带蔓延；他还从在气象局工作的朋友那里了解到，整个7月中西部持续高温的概率很大。他判断，市场对于高温将导致玉米大幅减产的预期会越来越强烈，于是，他增加了玉米期货多单的持仓。最后，尽管没有出现严重的干旱情况，但是连续的干热天气还是推动芝加哥玉米期货价格从240美分/蒲式耳涨到了337美分/蒲式耳（1手玉米5 000蒲式耳）。查理也将他的1 000美元滚动成了6 000美元。

小贴士

玉米的生长阶段和生长条件

玉米可分为三个不同的生长阶段，分别是苗期、穗期和花粒期。苗期是指播种至拔节的一段时间，该阶段又分为播种到三叶期以及三叶期到拔节期。在播种期到三叶期，土壤水分是影响出苗的主要因素，而在三叶期到拔节期，玉米幼苗怕涝不怕旱，轻度的干旱有利于根系的发育和下扎。玉米从拔节至抽雄的一段时间称为穗期，从抽雄至成熟的一段时间称为花粒期。在这两个时期，玉米需水量较大，特别是开花前的8—10天开始的30天内，玉米的需水量占总耗水量的一半，要求土壤水分保持在80%左右。

6. 一天 3 亿斤玉米入关（玉米的流通和深加工）

因为东北地区土壤肥沃、地势平坦开阔等原因，东北三省的玉米产量占我国玉米总产量的 45% 左右，而玉米的销区则遍布全国各地，所以东北的黑龙江和吉林成了我国最大的玉米运出省，“北粮南运”是我国玉米的主要贸易格局。这几年，东北玉米运出量快速增加，从 2011 年到 2017 年，东北地区每年玉米外流的总量从 1 500 万吨左右快速上涨至 5 000 万吨左右。

近年来，由于饲料产业从华南、西南向东北地区转移，传统的“北粮南运”或变为“南猪北养”的格局。同时，随着环保等政策的影响，玉米淀粉、燃料乙醇等新增产能在东北产区扩张迅猛，东北地区玉米工业消费量也将进一步增加。随着饲料养殖、深加工产能在产区大量扩张，未来 3—5 年，东北主产地或将成为产销平衡区，传统贸易格局或有较大改变。

小贴士

玉米的流通

我国玉米主要产区在东北、华北地区，而销区则遍布全国各地，包括华南、华东、华北和东北。东北的黑龙江和吉林是我国最大的玉米运出省，玉米通过公路和铁路运往鲅鱼圈、锦州港等港口，然后再发往南方的各个销区。玉米的运输状况对玉米短期价格波动也有一定影响，若是遇到大范围雨雪天气，运输不畅，则会造成产区价格下降，销区价格上涨。

7. “玉”不琢，不成器（玉米价格的影响因素）

2012 年夏天，美国中西部大旱，山姆在该年 3 月替他管理的基金下了注，赌的是玉米期货价格会上涨。随着灾情的日益显现，他理应感到高兴才对，但美国农业部的一份报告却预测，玉米将因创纪录的种植面积而获得大丰收。

这份报告使得玉米期货价格应声而落，全月下跌12%。

面对农业部的“权威”报告和急剧下跌的玉米期货价格，对冲基金们纷纷平仓止损。但有两个原因使得山姆决定坚守阵地：第一，美国环保局在同年4月刚下发新的规定，要求2001年后制造的汽车所使用的汽油含乙醇量，将从10%上升至15%，这将增加对玉米乙醇的需求量；第二，如果美国农民们真的如农业部报告所说的那样种植了创纪录面积的玉米，那他们必然使用了平时不用的贫瘠土地，其新增玉米供应量不会如农业部报告预测的那样多。

山姆的第一个理由其实是业内常识。作为美国粮食和能源总体战略的一部分，用作燃料乙醇的玉米数量逐年上升，到2011年已达总产量的约40%。2011年，美国玉米消费的具体分布为：40%用于燃料乙醇，13%用于出口，36%用于美国的饲养业，剩下的11%用于其他各种用途。换言之，美国2011年作为燃料乙醇烧掉的玉米，是其投放国际粮食市场玉米的3倍有余。“玉米乙醇”成为美国农业名副其实的“三峡大坝”——国际粮食市场的供需关系是紧是松，靠此阀门调节足矣。

山姆的第二个理由则来自他独特的家庭背景。他成长于爱荷华州的农场，每天天不亮就要起床喂牛。他父亲在当警察的正式工作之外，还兼职当农民。山姆5岁时，他父亲曾带他坐上一架单引擎飞机，从空中检查他家的玉米地，同时向他解释一个投资者如何可以通过期货交易所出售他并不实际拥有的玉米。

山姆的独特经历，使得他高度重视实地调研。2012年5月底，他飞到了公司设在爱荷华州南部的研究性农场。当他从地里抓起一把泥土的时候，他对自己在玉米期货上的赌注愈发自信了——干裂的泥土在他手中轻轻一捏就散落了，地里的玉米还不到膝盖高，有些远低于6英寸。山姆派往各地实地调研的分析师们也反馈说，农民们都在抱怨天气太热了——这意味着干旱迫在眉睫。

山姆的公司在3月份以5.59美元/蒲式耳的价格购进的玉米期货，在7月30日涨到了8.1775美元/蒲式耳。就在这一天，山姆平掉了他的仓位，短短5个月获得了46.29%的回报。

小贴士

玉米价格的影响因素

玉米价格受到多方面因素的影响，其中，供求关系是最主要也是最直接的影响因素，包括产量、需求、物流、国家储备和进出口几个方面；非供求因素则包括政策性因素、经济周期、天气变化、成本收益情况、突发事件、其他谷物市场情况等（见图3）。

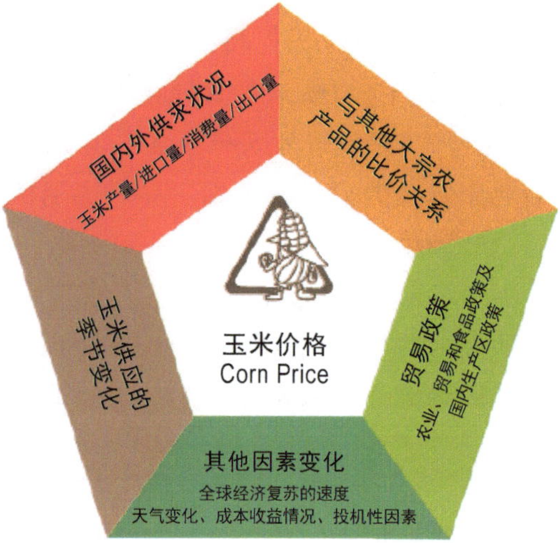

图3　玉米价格影响因素

8. 饮料甜度的来源（玉米淀粉情况）

玉米淀粉是将玉米经粗细研磨，分离出胚芽、纤维和蛋白质等副产品后得到的产品，约占淀粉总产量的94%。玉米淀粉是玉米产业链中的重要下游产品。从地域上看，玉米淀粉的生产主要集中在华北、东北和西北地区。玉米淀粉的主要消费地区主要集中在华北、华东和华南，除了华北地区既是产区又是销区以外，其他销区的玉米淀粉需要依靠贸易运输。

玉米淀粉用途广泛，下游产品达 3 500 多种，涉及淀粉糖、医药、化工、啤酒、造纸等众多产业。其中淀粉糖用量最大，约占玉米淀粉消费总量的 58%，许多饮料中的甜味就来自淀粉糖；其次是造纸（约占 12%）、食品（约占 7%）、啤酒（约占 6%）、变性淀粉（约占 5%）、化工（约占 5%）、医药（约占 4%）等。玉米淀粉消费具有较强的周期性特点，受季节性和假日效应影响显著。一般情况下，玉米淀粉需求量与我国农历年度节奏契合度较高，下半年玉米淀粉需求量高于上半年；在元旦和春节、中秋和国庆节等重大节日前后存在较明显的销售淡旺季。

玉米淀粉期货在 2014 年 12 月 19 日上市，是标的物为玉米淀粉的标准化合约。期货合约中的玉米淀粉指的是符合国家标准《食用玉米淀粉》（GB/T8885）和二氧化硫、砷、铅卫生指标的玉米淀粉。作为加工品，玉米淀粉质量较容易控制，我国较早制定了相关国家标准，已经成为行业内生产控制和贸易流通的主要参考依据。从贸易习惯看，玉米淀粉一般采用袋装，标识明确，储运方便，因此，玉米淀粉具备开展实物交割的要素，也符合大宗商品交易的前提条件。

综合考虑玉米期货交易单位、现货市场特点、合约规模大小等相关因素，大商所将玉米淀粉期货的交易单位设定为 10 吨/手，一是与玉米期货保持一致，有利于投资者在两个品种间进行套利操作；二是从玉米淀粉行业的产销特点来看，虽然生产企业规模化程度较高，但消费企业平均规模偏小，将交易单位设定为 10 吨/手，便于中小产业客户参与（见表 1）。

表 1　　大商所玉米期货和玉米淀粉期货合约

项　目	合　约　内　容	
交易品种	黄玉米	玉米淀粉
交易单位	10 吨/手	同左
报价单位	元（人民币）/吨	同左

续表

项　目	合 约 内 容	
最小变动价位	1 元/吨	同左
涨跌停板幅度*	上一交易日结算价的 4%	同左
合约月份	1、3、5、7、9、11 月	同左
交易时间	每周一至周五上午 9：00—11：30，下午 1：30—3：00 以及交易所规定的其他时间	同左
最后交易日	合约月份第 10 个交易日	同左
最后交割日	最后交易日后第 3 个交易日	同左
交割等级	大商所玉米交割质量标准（FC/DCE D001 - 2015）	大商所玉米淀粉交割质量标准（F/DCE CS002 - 2018）
交割地点	大商所玉米指定交割仓库	大商所玉米淀粉指定交割仓库
最低交易保证金	合约价值的 5%	同左
交割方式	实物交割	同左
交易代码	C	CS

（二）田野上的金色波浪——小麦

压车麦穗黄云重，食叶蚕声白雨来。

——陆游《四月一日作》

1. 小麦征服全人类（小麦的历史以及普及性）

以色列历史学家尤瓦尔·赫拉利在其著作《人类简史》中，提出了一个问题：“是人类驯服了小麦，还是小麦驯服了人类。”作者认为，由于有了小麦，人类改为定居，才有了之后人类的一系列发展。

小麦的种植始于公元前7000年左右的西亚地区。对中国而言，“麦”是舶来品。《说文解字》解释“麦”字为“来也”，“来”是麦的本名，小麦是外来作物，是通过早期的丝绸之路传到中国的。“麦”字在商代甲骨文中便已出现，说明距今3 000多年前的时候，中国人已经开始种植小麦。

美国农业部（USDA）的数据显示，2016—2017年度全球小麦产量7.565亿吨左右，全球小麦消费量7.4亿吨左右，贸易量3.6亿吨左右。小麦生产大国主要有欧盟27国、中国、印度、美国、俄罗斯、加拿大、澳大利亚和巴基斯坦等国家。这些国家和地区的小麦产量约占世界小麦总产量的85%。

小麦的需求呈增长趋势。根据USDA数据显示，2016—2017年度，世界小麦国内消费量达到7.398亿吨。欧盟27国、中国、印度、俄罗斯、美国等国是主要消费国，年消费小麦分别为1.28亿吨、1.19亿吨、9 712万吨、7 865万吨、3 186万吨。全球小麦2017—2018年度和2018—2019年度消费量预计将达到7.45亿吨左右（见图4）。

全世界约有40%的人以小麦为主食的供需结构决定了世界小麦贸易的特点：交易范围广、交易量大、参与国家多（见图5）。

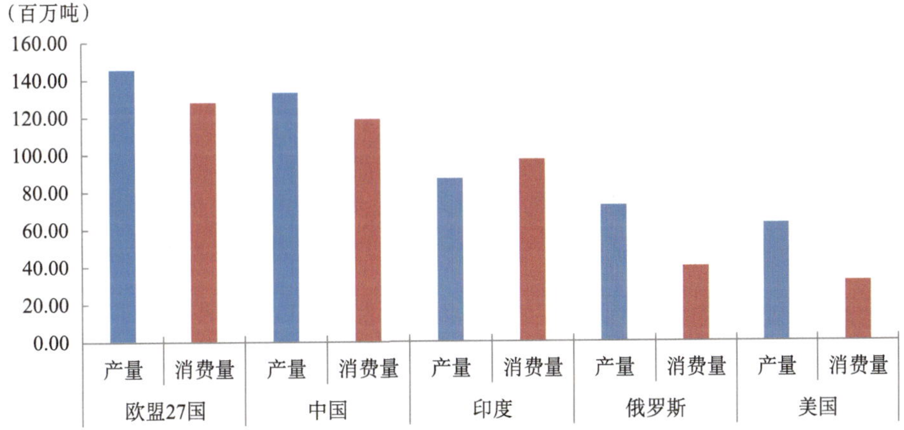

图4　全球小麦主要生产国也是主要消费国

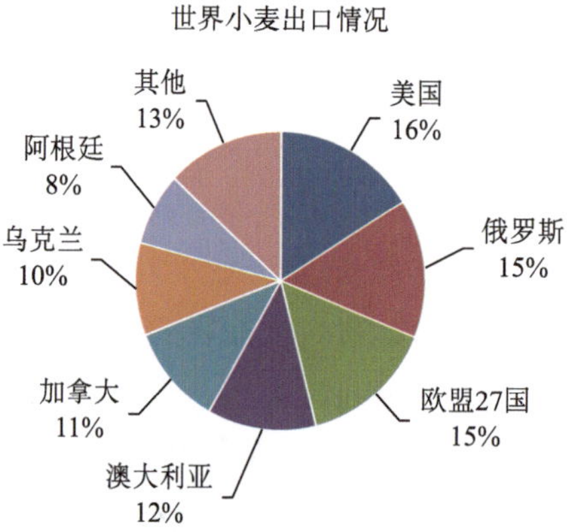

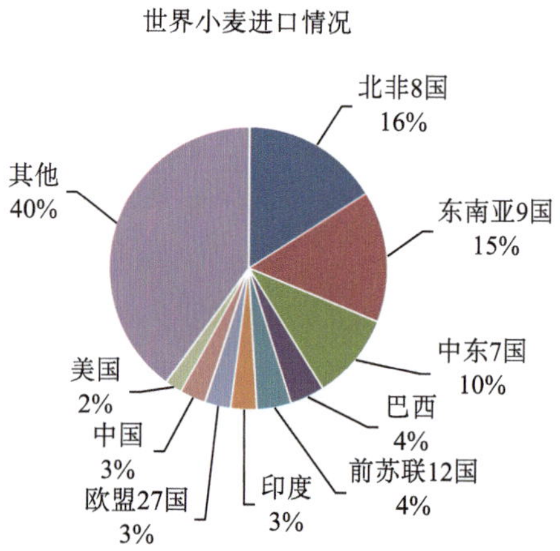

图5　小麦的全球贸易：集中的出口和分散的进口

资料来源：USDA（2016—2017年）。

2. 夜来南风起，小麦覆陇黄（小麦的季节性和种植分布）

根据季节种植不同，小麦分为冬小麦和春小麦两种。冬小麦是指在秋季或冬季播种的小麦，春小麦是指在春季或初夏播种的小麦。小麦是我国主要的粮食作物之一，其播种面积基本保持在2 300万—2 500万公顷，年产量和消费量多年来一直在1亿—1.2亿吨。我国小麦单产水平近几年不断提高，产量较大的省份依次是河南、山东、河北、安徽、江苏，这5省的小麦产量占全国小麦产量的80%（见图6）。

我国以冬小麦为主。种植一般以长城为界，长城以北大体为春小麦，以南则为冬小麦。东北平原由于温度太低，所以不能种冬小麦，成为春小麦的主要分布区；而华北平原则成为冬小麦的一个重要分布区。长江中下游地区在3月和4月，由于降水量在450毫米以上，因此不适宜种春小麦（见表2）。

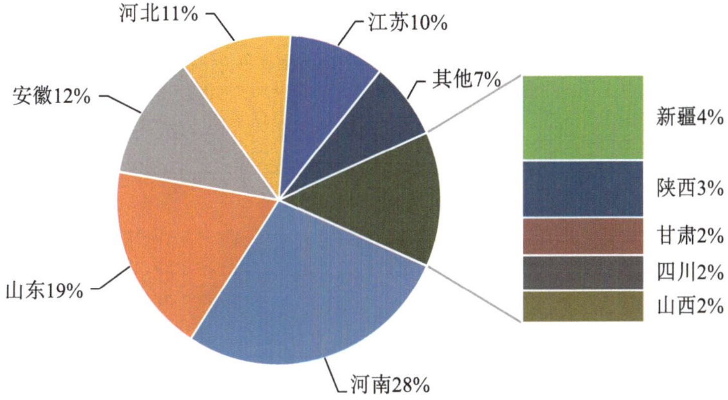

图 6　中国小麦产量分布

表 2　小麦产区及生长期一览表

产　区	省　　份	播种期	生育期	成熟期
东北春麦区	黑龙江、吉林、辽宁部分，内蒙古东北部	4 月中旬	90 天	7 月 20 日前后
北部春麦区	内蒙古中部，河北、陕西、山西北部	3 月中旬至 4 月中旬	90—120 天	7 月上旬至 8 月
西北春麦区	甘肃、宁夏北部，内蒙古西部，青海部分	3 月上旬	120—130 天	7 月中旬、8 月中旬
北部冬麦区	河北、山西大部，陕西南部，辽宁、宁夏、甘肃部分，北京，天津	9 月中旬	260 天	6 月下旬左右
黄淮冬麦区	山东、河南大部，河北、江苏、安徽部分，陕西部分，山西、甘肃部分	10 月上旬（寒露后）至下旬	230 天	5 月下旬至 6 月初
长江中下游冬麦区	江苏、安徽、湖南、湖北大部，上海、浙江，江西，河南信阳	10 月下旬至 11 月中旬	200 天	5 月下旬
西南冬麦区	贵州、重庆、四川、云南大部，陕西、甘肃、湖北、湖南部分	10 月下旬至 11 月上旬	180—200 天	5 月中旬

续表

产　区	省　　份	播种期	生育期	成熟期
华南冬麦区	福建、广东、广西和台湾、云南南部	11 月中下旬	120 天	3 月下旬至 4 月上旬
新疆冬麦区	新疆	南疆冬麦：9 月中旬左右 北疆春麦：4 月上旬	300 天 240 天	南疆冬麦：7 月底 8 月初 北疆春麦：8 月上旬左右
青藏春冬麦区	西藏、青海、甘肃、四川、云南部分	冬麦：9 月下旬 春麦：3 月下旬至 4 月上旬	330 天 140—170 天	8 月下旬至 9 月中旬

资料来源：公开资料。

3. 一“麦”相承（小麦的分类）

小麦共分为 30 个种类，又进一步分为 30 000 多个品种。植物育种家通过杂交（将两个相同种类不同品种的植物异种交配）来培育新品种。配种小麦会根据其加工品质、良好的耐寒或抗病能力来选择。

常见的种植小麦有：

（1）按播种季节分，可分为冬小麦和春小麦两种。

（2）按皮色的不同，可分为白皮小麦（简称白麦）和红皮小麦（简称红麦）两种。

（3）按籽粒胚乳结构呈角质或粉质的多少，可分为硬质小麦和软质小麦。

（4）以上述分类为基础，我国小麦国家标准（GB1351－2008）把小麦细分为 5 类：硬质白小麦、软质白小麦、硬质红小麦、软质红小麦、混合小麦。

4. 小面包、大能量（小麦的消费）

小麦是世界上总产量第二的粮食作物，仅次于玉米，小麦的播种面积在世界上居第一位。世界上有43个国家、约40%的人口以小麦为主要食粮。小麦的颖果是人类的主食之一，磨成面粉后可制作面包、馒头、饼干、蛋糕、面条、油条、油饼、火烧、烧饼、煎饼、水饺、煎饺、包子、馄饨、蛋卷、方便面、年糕、意式面食等食物；发酵后可制成啤酒、酒精、伏特加或生物燃料。

小麦富含淀粉、蛋白质、脂肪、矿物质、钙、铁、硫胺素、核黄素、烟酸及维生素A等。因品种和环境条件不同，营养成分的差别较大。从蛋白质的含量看，生长在大陆性干旱气候区的麦粒质硬而透明，含蛋白质较高，达14%—20%，面筋强而有弹性，适宜烤面包；生于潮湿条件下的麦粒含蛋白质8%—10%，麦粒软，面筋差。可见地理气候对产物形成过程的影响是十分重要的。

面粉的筋力越强，烤出来的面包就越松软可口，而做蛋糕和饼干就不能用这样的面粉，要用弱筋粉。目前我国的面包产量为160万吨，是面包消费大国德国年产量的1/5。近年来，人们在饮食选择上的多元化，让中国面包的人均消费以10%的速度在增长。

小麦除制成面粉供人类食用外，仅少量用来生产淀粉、酒精、面筋等，加工后副产品均为牲畜的优质饲料。

5. 小小麦、大买卖（小麦价格的影响因素）

粮食贸易是古老的行当。尽管小麦主要以国内消费为主，大部分国家都将其视为重要的战略物资，但是全球小麦一年的贸易额仍然达到520亿美元左右。小麦的价格从历史上来看还是相对平稳的，过去30年仅出现了3次剧烈波动，其中最剧烈的一次发生在2007—2008年。2007年9月，澳大利亚东部地区持续干旱，导致其小麦产量连续第二年遭受严重减产，市场预估2007年澳大利亚小麦产量仅为1 350万吨，比2005年的峰值2 500万吨下降近一半。澳大利亚是全球第五大小麦出口国，它的连续减产令全球小麦市场供应吃紧。2007年9月，CBOT小麦期货价格创出历史新高，最高到871美分/蒲式耳，比2007年4月最低点412美分/蒲式耳上涨了111.4%。由于当年欧洲小麦也减产，且质量下降，市场转向采购美国小麦，导致美国小麦出口强劲，提振2007—2008年度美国小麦的出口预期和库存下降预期，推动CBOT小麦期货价格在2008年2月达到令人难以置信的1 349.5美分/蒲式耳，比2007年9月的高点又上涨了54.9%，比2007年的最低点翻了2倍还多。但是随着美国、欧洲的小麦丰产，以及美国次贷危机逐步显现端倪，并且由金融市场向商品市场蔓延，CBOT小麦价格在2008年2月即发生逆转，2008年5月，价格一度跌破800美分/蒲式耳，到10月次贷危机全面爆发时，CBOT小麦期货价格回到了500多美分/蒲式耳。之后的10年，500美分/蒲式耳几乎就是CBOT小麦期货的底部区间（见图7）。

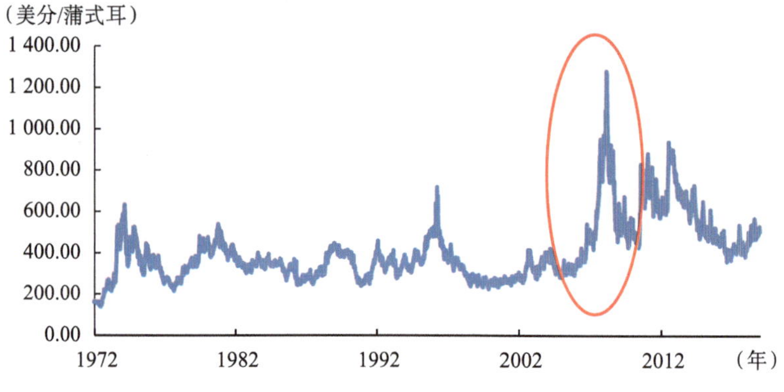

图7　CBOT小麦期货收盘价（连续）

资料来源：Wind。

作为世界重要的粮食作物，小麦价格受到全球宏观经济的周期波动、自身供求关系变化、相关商品价格变化、小麦购销政策变化、全球气候变化的影响。此外，小麦生产的周期性和季节性、交通运输因素、市场投机因素和心理因素、消费者购买力和偏好、突发事件均会对小麦价格走势产生一定影响。

6. 两个“妹儿”（麦子）的差别（郑商所小麦期货合约）

郑商所于 1993 年 5 月 28 日推出普通小麦（简称普麦）期货交易，又于 2003 年 3 月 28 日推出优质强筋小麦（简称强麦）期货交易。普麦和强麦这两种小麦有什么不同呢?

第一，两种小麦用途不同。面粉的品质取决于原料，普麦和强麦是生产小麦粉的两种不同原料，不具有替代性。普麦适合生产手工作坊及家庭使用，如制作馒头、普通方便面等食品；强麦适合生产工业化食品，如饺子、拉面、面包等食品。二者无法相互替代。

第二，普麦和强麦存在价差，且极不稳定。从历史价格数据来看，普麦和强麦的价差从 40 元/吨至 300 元/吨以上不等，二者价差曾一度达到 600 元/吨。作为面粉的原料，如此大且不稳定的价差无法让投资者用一种小麦合约代替另一种来套保。两个小麦合约的存在，给投资者带来更大的便利，尤其是有利于套期保值的产业客户参与，可以引导企业利用不同的期货合约规避风险，发挥市场功能，促进小麦产业平稳发展。

第三，从生产上看，二者存在此消彼长的关系。一般强麦产区也适宜种植普麦。在同一产区，当二者价差扩大时，下一年农民种植强麦的积极性增加；当价差缩小时，下一年农民种植普麦的积极性增加。调研中，也有一些投资者和行业专家反映还应该增加弱筋小麦，这样更加有利于完善小麦市场体系，促进小麦产业良性发展。目前来看，国内弱筋小麦产量太小，暂不具备上市的条件。

第四，普麦较强麦受政策影响大。国家托市收购、储备等政策往往针对普麦。虽然目前受国家政策调控影响，普麦价格较平稳，但普麦作为大宗粮食品种，价值低、利润薄的特点鲜明，产业链企业的避险需求客观存在，需要利用期货来发现价格、管理风险。而强麦价格波动相对较大，企业管理风险的需求较强，在期货市场具有较好的流动性。

第五，避险群体不同。普麦和强麦的主产、主销地区以及用途不同，决定了产业链条上的主体不同。在价格波动的情况下，这些不同主体均需要利用期货市场规避风险。虽然跨品种套期保值是一项选择，但实证研究表明，直接采用同一品种的期货合约套期保值效果更为明显。

第六，从国外成熟市场经验来看，不同质量的小麦可以同时活跃。美国有三家交易所交易小麦期货合约，芝加哥商业交易所集团、堪萨斯交易所、明尼阿波利斯交易所分别交易小麦、硬红冬麦和硬红春麦。目前，三个品种都运行较好，流动性充足，功能发挥显著。这说明小麦作为大宗粮食品种，由于生产、需求存在明显的差异化，可依据最终用途的不同而作为不同的期货交易品种存在。

郑商所普麦期货和强麦期货合约见表3。

表3　郑商所普麦期货和强麦期货合约

项　目	合　约　内　容	
交易品种	普通小麦（简称“普麦”）	优质强筋小麦（简称“强麦”）
交易单位	50吨/手	20吨/手
报价单位	元（人民币）/吨	元（人民币）/吨
最小变动价位	1元/吨（50元/手）	1元/吨
每日价格波动限制	上一个交易日结算价±4%及《郑州商品交易所期货交易风险控制管理办法》相关规定	上一个交易日结算价±4%及《郑州商品交易所期货交易风险控制管理办法》相关规定
最低交易保证金	合约价值的5%	合约价值的5%
合约交割月份	1、3、5、7、9、11月	1、3、5、7、9、11月

续表

项　目	合　约　内　容	
交易时间	每周一至周五（北京时间，法定节假日除外）上午 9：00—11：30，下午 1：30—3：00	同左
最后交易日	合约交割月份的第 13 个交易日	同左
最后交割日	仓单交割：合约交割月份的第 12 个交易日；车船板交割：合约交割月份的次月 20 日	合约交割月份的次月 20 日
交割品级	符合《中华人民共和国国家标准 小麦》（GB1351－2008）的三等及以上小麦，且物理指标等符合《郑州商品交易所期货交割细则》规定要求	符合《中华人民共和国国家标准 小麦》（GB1351－2008）的三等及以上小麦，且稳定时间、湿面筋等指标符合《郑州商品交易所期货交割细则》规定要求
交割地点	交易所指定交割仓库及指定交割计价点	交易所指定交割仓库
交割方式	实物交割	实物交割
交易代码	PM	WH

（三）稻花香里说丰年——水稻

稻香秫熟暮秋天，阡陌纵横万亩连。

——归庄《观田家收获》

1. 水稻的起源之争：中国还是印度（水稻的起源）

在亚洲，“稻米”和“食物”可视为同义词。全世界 90% 左右的稻米产于亚洲，而且集中于东亚、东南亚和南亚这三大地区。但是水稻的起源，是百年以来一直在争论的一个话题。

水稻的起源，对于生物学者和人文学者来说都有重要意义。生物学者希望通过确定作物起源，找到它的原始栽培类型和野生近缘种，从而能够方便地利用这些遗传资源的宝库来改良作物品种，提高产量和品质。人文学者则希望通过作物起源研究来构建人类自己的历史以及各个族群文化的叙事，甚至把它用作展示爱国主义、民族主义的舆论武器。从 100 多年前开始，不同国家的学者采用越来越先进的手段和研究方法，在水稻起源问题上展开了激烈争论，起初印度占据优势，后来中国慢慢占据上风，尽管半路上有泰国和韩国加入混战，但最终中国获得了胜利。

20 世纪后期，分子生物学技术逐渐普及，成为生物分类学和生物地理学研究的新手段。一开始，生物学家主要用蛋白质进行分析，DNA 分析后来居上，成为最常用的方法。最终结论是：水稻起源于中国，在中国这个“原始中心”和印度这个“次生中心”同时得到发扬。这就是目前我们所知的最可靠的水稻起源结论。

2. “亚洲人的粮食”（水稻的种植分布和消费）

根据美国农业部的数据显示，2016—2017 年度亚洲的中国、印度、印度尼西亚、菲律宾、越南、吉普寨、泰国、日本这 8 个国家消费 3.18 亿吨大米，接近全球消费量的 66%。与此对应的，全球前十大稻米生产国也在亚洲，特别是东亚、南亚和东南亚这三个地区，生产了全球近 89% 的稻米。中国是全球稻米产量、消费量和进口量最大的国家。

中国的水稻种植主要集中在三大优势产区：东北平原水稻优势区、长江流域水稻优势区和东南沿海水稻优势区。

3. 物华天宝看分类（水稻的种类和季节性）

传说 4 000 多年前，中华民族有一位叫神农氏的圣哲，为了寻找可以充当粮食的植物，曾历经“尝百草之实，察酸苦之味”“一日而遇七十毒”的艰险，最后才在莽莽荒野之中，选择出了黍、稷、菽、麦、稻五种谷物，于是世界上才开始有了“五谷”。其中，“稻”就是稻谷，俗称水稻。在殷商时代，水稻还被列为五谷之末，但到北宋时期已经跃居五谷之首了。今天，稻谷作为我国第一大粮食作物，约占全国谷物产量的30%。稻谷主要有稻壳和糙米两部分，稻谷经砻谷机脱去稻壳后就得到糙米，糙米再经加工碾去皮层和外胚留下的胚乳即为人们食用的大米。

根据生长期的不同，水稻可以分为早稻、中稻和晚稻三类。而在我国粮油质量国家标准中，按其粒形和粒质，水稻分为三类：籼稻、粳稻、糯稻。此外，根据制种方式不同，又可将水稻分为常规稻和杂交稻。

（1）早稻、中稻和晚稻

根据水稻播种期、生长期和成熟期的不同，可将水稻分为早稻、中稻和晚稻三类。一般早稻的生长期为90—120天，中稻为120—150天，晚稻为150天以上。它们的播种期和收获季节由于各个地区气候条件的不同，也有很大的差异。

（2）籼稻、粳稻、糯稻

籼稻具有耐热、耐湿、耐强光和忌寒冷的特点，生长期短，在无霜期长的地方一年可多次成熟，种植于我国南方热带和亚热带地区。籽粒强度小，耐压性能差，加工时容易产生碎米，出米率较低，米质胀性较大而黏性较小。

粳稻具有耐寒、耐弱光和忌高温的特点，籽粒强度大，耐压性能好，加工时不易产生碎米，出米率较高，米饭胀性较小而黏性较大。我国粳稻种植主要分布在淮河以北的北方粳稻区、以江苏省为核心的江淮粳稻区和以云南省为核心的云贵高原粳稻区，其中北方粳稻区又包括东北粳稻区、华北粳稻区和西北粳稻区。

糯稻黏性高，南北方均有种植，分粳糯、籼糯两种。煮熟后米饭较软、黏。粳糯的黏性强于籼糯。

（3）常规稻、杂交稻

常规稻是指通过选育、提纯而留种并能保持品种特性特征，未经过杂交和转基因的原种水稻品种。

杂交稻是指选用两个在遗传上有一定差异而优良性状能互相补充的水稻品种进行杂交，产生具有生长优势的新一代水稻品种。

4. 袁隆平与杂交水稻

每年3月下旬到4月上旬，当北方还是春寒料峭之时，海南的水稻已经抽穗开花。在这个季节，全国的杂交水稻专家都聚集在南繁育种基地，拿着各种水稻品种进行杂交试验，再将收获的种子带回各地播种。这个已经延续了近半个世纪的传统被称作“南繁北育”，而这群人也有一个共同的绰号——候鸟型科学家。

如此声势浩大的水稻研究在全球也绝无仅有。因为世界上多数地区都以面粉为主食，而有13亿人口的中国则是以大米为主粮的为数不多的国家之一。

杂交水稻被称为中国的“第五大发明”，而一提到它，人们就会想到有“杂交水稻之父”之称的袁隆平。

2019年9月25日，中央电视台系列报道《共和国不会忘记》专题介绍“共和国勋章获得者”袁隆平。他一生致力于杂交水稻技术的研究、应用与推广，创建了超级杂交稻技术体系，为我国粮食安全、农业科学发展和世界粮食供给作出了杰出贡献，也让我国的杂交水稻技术一直在世界上处于领先地位。

20世纪50年代，袁隆平最初从事的是红薯育种研究教学，但当时国家粮食非常短缺，于是，他转而从事国家最需要的水稻育种。1961年7月的一天，袁隆平在试验田选种，意外发现一株“鹤立鸡群”的稻株，穗子又大又饱满，籽粒多达230粒，仔细一推算，用它作种子，水稻亩产会上千斤，而当时高产水稻才不过五六百斤。

灵感来得突然，而研究之路漫漫。耗时9年，杂交水稻“三系配套法”终于成功，比常规稻增产20%左右，实现了杂交水稻的历史性突破。此后，袁隆平领衔的科研团队接连攻破水稻超高产育种难题，超级稻亩产700公斤、800公斤、900公斤、1 000公斤和1 100公斤的五期目标已全部完成；2019年，大面积亩产的超级稻又突破了1 200公斤大关。

2016年，袁隆平又带领团队向“海水稻”发起挑战，并在新疆、山东、浙江、黑龙江、陕西全国五大类型盐碱地区域开展测试。

5. 北粳南籼，纵横交错（稻米的流通）

我国稻谷流通以大米为主。贸易上，东部沿海地区由水稻主产区转变为主销区。随着全国各地稻米消费区域的增加，东中部地区向西北、华北等地流通的稻米不断增加，大中城市由于流动人口增多，稻米的输入数量逐步扩大。稻米的流通总体呈“北粳南运、中籼东输、中籼南下、南籼北运”的交错格局，其中，苏皖粳稻产区和江西、两湖籼稻主产区与长三角及珠三角形成了购销关系，东三省粳稻主产区与京津冀和长三角主销区形成了购销关系，且两大购销区之间稻米价格又存在着互动性。

小贴士

五常大米是黑龙江五常市出产的大米，是清乾隆年间的皇室贡米，当时流传着民谚“五常米、帝王粮”。它的生长环境十分讲究，长在东北特有的肥沃的黑土地上，有长白山雪水的灌溉、纯绿色无污染的养殖方式。五常市在工商部门注册的大米企业为292家，产能达到400万吨。大产量并没有降低它的质量。

央视精品纪录片《舌尖上的中国》提到五常大米是最好的大米，可见其在“米界”的地位。五常大米不论在形态上还是味道上与其他米都有很大不同；煮熟之后，粒粒分明、饱满，迎面而来的是浓郁的米香味，表面泛着淡淡的油光。

五常的米好，既受益于得天独厚的地理气候优势，也与高成本的泉水灌溉、有机农植有关，更得益于国家和地区日益精进的水稻培育研究。近年来，五常大米获得“绿色食品”“有机食品”“中国名牌”“美国食品营养协会认证产品”“中国原产地域保护产品”等认证，享誉全国，远销海外。

6. 稻亦有道（水稻的价格影响因素）

作为我国的主粮，稻谷价格受到国家政策调控影响，随着稻谷生产与流通市场化进程的加快和程度的加深，稻谷价格不仅受国家政策因素、稻谷供需因素影响，而且还受到宏观经济、国际国内大宗农产品价格变动、成本收益考量、季节性等因素的影响。

（1）决定稻谷价格的根本因素

供需关系是决定稻谷价格的根本因素。当稻谷需求增加，供应短缺时，稻谷价格就会上涨；反之价格必然下跌。对稻谷来说，供给方面的因素包括：前期库存量、当期生产量、商品的进口量；需求方面的因素包括：国内消费量、出口量、期末商品结存量。考虑稻谷的供应时，往往需要关注天气、自然灾害等因素，农产品“靠天吃饭”的特性比较明显。

（2）不可忽视的国家政策

在我国，每年有相当一部分的稻谷要用于储备，因此，每当新粮上市，国家对稻米的最低收购价政策、公开竞价拍卖、储备等政策对稻米的价格走势影响较大。此外，国家的粮食产业政策也会在一定时期内对稻米的供求产生影响，进而影响价格。如各项惠农政策有利于提高农民种粮积极性，促进稻谷的生产。

（3）成本收益的重要性

农民种植稻谷要考虑很多成本，包括种子费、化肥农药费、雇工成本、农膜费、土地和机械租赁费等。尽管对农产品来说，成本并非价格的“铁底”，但如果价格低于种植成本，就会影响农民的种植积极性，进而影响下季的稻谷种植意愿。

（4）季节性的冲击

稻米的价格有明显的季节性波动规律。一般，每年 9—10 月、12 月至次年 1—2 月为消费旺季，稻米价格上涨；3—5 月、10—11 月为消费淡季，价格通常下跌。每年 6 月为青黄不接时期，价格开始回升；7、8、9 月为收购旺季，稻米价格通常上涨。

（5）国际、国内农产品价格联动影响

随着贸易国际化的发展和国内商品化市场化进程的发展，国际、国内农产品价格之间的相互影响和联系越来越紧密。稻谷的价格在一定时间、一定程度受到玉米、小麦等农产品价格的影响，还受到不同地域、进口稻谷价格变动的影响。

7. 稻谷类期货简介

1993 年 6 月 30 日，上海粮油商品交易所首次推出粳米期货，结果在短短一年半的时间里，粳米期价出现了三次大幅拉升：第一次，1993 年第四季度，在南方大米现货价大幅上涨的带动下，粳米期货从 1 400 元/吨上升至 1 660 元/吨；第二次，1994 年春节前后，受国家大幅提高粮食收购价格的影响，

期价从1 900元/吨涨到2 200元/吨；第三次，1994年6月下旬至8月底，在南涝北旱自然灾害预期减产的心理作用下，期货价格从2 050元/吨上扬到2 300元/吨，9月初价格又攀升至2 400元/吨左右。

2019年9月6日，国务院在全国加强粮价管理工作会议上，强调抑制通货膨胀是当前工作重点。受政策面的影响，上海粳米期价应声回落，价格连续4天跌至停板，成交出现最低纪录。10月22日，国务院办公厅转发了证券委《关于暂停粳米、菜籽油期货交易和进一步加强期货市场管理的请示》，粳米交易迅速归于沉寂。

2009年4月20日，郑商所推出早籼稻期货，2013年11月18日推出粳稻期货，2014年7月8日又推出晚籼稻期货。至此，三大类稻谷品种全部在郑州商品交易所上市交易（见表4）。

表4　郑州商品交易所早籼稻、晚籼稻、粳稻期货合约

项　目	合约内容
交易单位	20吨/手
报价单位	元（人民币）/吨
最小变动价位	1元/吨
每日价格波动限制	上一交易日结算价±4%及《郑州商品交易所期货交易风险控制管理办法》相关规定
最低交易保证金	合约价值的5%
合约交割月份	1、3、5、7、9、11月
交易时间	每周一至周五（北京时间，法定节假日除外）上午9：00—11：30，下午1：30—3：00
最后交易日	合约交割月份的第10个交易日
最后交割日	合约交割月份的第13个交易日
交割品级	见《郑州商品交易所期货交割细则》
交割地点	交易所指定交割地点
交割方式	实物交割
交易代码	RI（早籼稻），LR（晚籼稻），JR（粳稻）

油脂油料篇

（一）天然的蛋白质补品——大豆

捋青捣麨软饥肠，问言豆叶几时黄？

——苏轼《浣溪沙》

1. 种豆得豆（中国大豆的栽培历史）

“煮豆燃豆萁，豆在釜中泣。本是同根生，相煎何太急？”2000 年前三国时期的《七步诗》流传至今，可见大豆在中国的种植历史非常久远。汉司马迁《史记》头一篇《五帝本纪》中记载：郑玄曰：“五种，黍稷菽麦稻也。”菽就是大豆。学者认为，中国至今已有 5000 年的大豆种植史。而欧美各国栽培大豆的历史很短，大约在 19 世纪后期才从中国引入种植。21 世纪 30 年代，大豆栽培已遍及世界各国。

虽然我国绝大部分地区都种植大豆，但区域集中的特征很明显，主产区有两大片：一片是东北地区，包括黑龙江、吉林、辽宁和内蒙古东部；另一片是黄淮海地区，包括河南、山东、河北、安徽等省。

自 1996 年开始至今，随着中国经济发展，人民生活水平不断提高，中国自产的大豆难以满足居民生活日益增长的需求，因此中国大豆进口量连年增长。近几年，大豆每年进口量高达 9 000 万—9 500 万吨，进口依赖度 85% 以上。进口来源于世界主要三大主产国：美国、巴西和阿根廷。

2. 一颗豆子的七十二变（大豆的加工与消费）

作为食品，大豆是一种优质高含量的植物蛋白资源，其脂肪、蛋白质、碳水化合物、粗纤维的组成比例非常接近于肉类食品，在国际农产品市场中地位很高。作为油脂油料作物，大豆是世界上最主要的植物油和蛋白饼粕的提供者。每一吨大豆可以制出的粕油比为 8∶2，即 0. 8 吨豆粕和 0. 2 吨豆油。大豆压榨出的豆皮可以和豆粕混合，调节豆粕的蛋白量。主要用于补充喂养家禽、猪、牛等的蛋白质，少部分用在工业原料及医药工业上。用大豆制取的豆油，油质好，营养价值高，是重要的植物油来源。

豆粕是动物饲料中应用最广泛的蛋白质饲料，也是营养价值最高的植物性蛋白质饲料。大约 85% 的豆粕用于家禽和猪的饲养。最近几年，豆粕也被广泛应用于水产养殖业中。豆粕中含有的多种氨基酸能够充分满足鱼类对氨基酸的特殊需求，在水产养殖业中发挥着越来越重要的作用。

豆油是另一种大豆的压榨产品。在外观上，豆油具有一定的黏稠度，呈半透明液体状，其颜色因大豆种皮及大豆品种不同而异，从淡黄色至深褐色，具有大豆香味。豆油是世界上最常用的食用油之一。烹饪用油是豆油最主要的用途。世界上豆油用于烹饪的消费量约占豆油总消费量的 70%，我国烹饪用豆油消费约占豆油消费量的 78%，约占所有油类消费的 35%。

豆油除了直接食用外，还可以用于食品加工。豆油可以用来制作多种食用油。如凉拌油、煎炸油、起酥油、人造奶油等。我国食品加工用油约占豆油总消费量的 12% 。豆油的另一种用途是应用在工业及医药上。豆油经过加工可制成甘油、油墨、合成树脂、涂料、润滑油等。在医药方面，豆油有降低血液胆固醇、防治心血管病的功效，是制作亚油酸丸、益寿宁的中药原料。

3. 大豆“三国志”（全球大豆主产国与种植的季节性）

目前世界大豆三大主产国合计产量占世界大豆总产量的 80% 以上，其中美国约占 34% ，巴西约占 33% ，阿根廷约占 15% ；三大主产国以外的国家大豆产量约占 18% 。

大豆的种植生产具有非常强的季节性特点，主产国有处于北半球的美国，也有处于南半球的巴西和阿根廷。所在国家一般春季种植，秋季收割。因此从全球来看，每年 9—10 月北半球会收割一季大豆，2—4 月南半球会收割一季大豆。

大豆的生长期一般在 4—5 个月，种植生产过程分为种植期、开花期、灌浆期和收获期。以北半球的美国和中国为例，每年 5—6 月为种植期，6 月底至 8 月初为开花期，8 月初至 9 月末为灌浆期，10 月至 11 月为收获期。南美大豆种植由于纬度不同，因此巴西和阿根廷的种植期有一些差别。

4. 条条航线到中国（大豆的国际贸易流通）

大豆由三大主产国种植收获，运送至消费区形成大豆产业链的流通。其中以大豆进出口贸易为主，豆粕/豆油进出口贸易为辅。

过去 20 年里，世界大豆出口量由 4 500 万吨增长至 15 500 万吨，增量 11 000 万吨。其中中国大豆进口量由 1 000 万吨增长至 9 000 万吨，增量 8 000 万吨。除中国以外的国家增量在 3 000 万吨左右。中国的进口量接近世界大豆贸易量的 60% 。

中国作为世界最大的大豆进口国，大豆由主产国运送至中国的航运路线主要有以下几条：美国西海岸发运可以穿越太平洋到达中国；美国密西西比河入海口发运可以由巴拿马运河进入太平洋到达中国；巴西和阿根廷发运可以穿越印度洋到达中国。

巴西大豆出口量由1 000万吨增长至8 000万吨以上，是大豆出口增长最快的国家。与之对比，美国大豆出口量由最初的2 600万吨增长至目前5 000万—6 000万吨。阿根廷大豆出口量在1 000万吨左右，如果遇到减产年度，可能会降低至200万吨附近，如2017—2018年度。

阿根廷作为世界第三大主产国，正常年份大豆产量约5 500万吨，大豆出口比例不如美国或巴西多，主要由于阿根廷大豆是在国内压榨，并以豆粕出口为主。阿根廷是世界最大的豆粕出口国，每年豆粕出口量为3 000万吨左右，约占世界豆粕出口量的45%。豆粕的进口国家非常分散，最大进口国家是印度尼西亚和越南，每年进口豆粕的量大约500万吨。

5. 黑土地长出金豆子（影响大豆的价格因素）

影响大豆产业链价格波动的因素很多，宏观方面受美元指数、原油价格、主要进出口国家汇率波动的影响；农业产业方面受大豆、玉米、小麦等相关农产品的供求关系影响；大豆产业链方面有主产国之间种植面积竞争的影响、国内进口和国产大豆的压榨情况、豆粕豆油的供需、市场体系、国家收抛储、其他替代油脂油料供求等。

全球大豆以南北半球分为两个收获期，南美（巴西、阿根廷）大豆的收获期是每年的3—5月，而地处北半球的美国、中国的大豆收获期是9—10月，因此，每隔6个月，大豆都有集中供应。

导致减产的灾害天气对大豆价格的影响非常大，尤其以美国和巴西种植期出现的灾害天气影响最大，这是由于美国和巴西大豆产量都占世界大豆产量的30%以上。在影响大豆产量的天气问题中，市场对高温少雨的干旱天气更为敏感，这是由于大豆属于喜水怕旱作物，多雨的年份一般容易造成大豆总体丰收，而干旱年份往往伴随价格大幅上涨。其他种植期的问题也会对价格产生影响，比如播种季节由于多雨导致播种延迟或局部地区无法播种，收割季节由于多雨导致大豆变质或无法收割，另外还有病虫害对大豆产量的影响等。

巴西目前大豆产量已与美国持平，且已是最大的大豆出口国。因此在巴西大豆出口时期，巴西雷亚尔汇率的波动对国际大豆价格影响很大。雷亚尔汇率大幅贬值对大豆价格存在利空的作用，大幅升值对大豆价格存在利多的作用。大豆价格的波动是伴随所有影响因素作用而发生变化的。有些年份雷亚尔汇率和大豆价格的波动存在一定的反向关系，但这并不能说明大豆价格的变化是由雷亚尔汇率波动所产生的影响。因为在那些时期，也同时存在其他方面的因素对价格产生影响。

值得注意的是，原油和能源等商品对大豆价格也存在影响。能源价格的变动对大豆的种植、贸易物流费用、加工过程以至终端都会产生影响。原油价格对大豆压榨产品——豆油又存在更深层次的影响——生物柴油，这是用植物油加工后作为燃料使用。

另外，美国管理基金的持仓变化对价格的推动力量也是不可忽视的。管理基金历史持仓最大在净多 20 万手附近，最少在净空 10 万手附近，对比美国大豆期货持仓量，其一般在 70 万—100 万手。由于管理基金持仓相对大豆期货合约持仓比例大，因此管理基金持仓大幅变动时，对大豆期货价格的影响会比较大。

世界各国为维持农业生产的稳定，防止农产品价格大幅波动，都会适时出台一些补贴或扶持政策。国家的农业政策对农业结构调整、农民增收、稳定农产品价格等方面的影响具有一定的周期性。国内大豆压榨的主要来源仍然是进口大豆，这就使得国内的油粕价格受到国际进口大豆价格的影响。在此大环境下，如果国内油粕价格出现异常，国家经常会通过收抛储大豆来平衡国内市场对于油粕的供需格局，以保护豆农和消费者的利益。政策的变化对大豆价格的影响较大，并直接导致豆类产品在短期内剧烈波动。

流感疫情对农产品价格的影响主要体现在下游产品饲料的需求上。猪饲料的原料来源主要是玉米和豆粕，玉米占50%，豆粕占20%，尤其是豆粕富有多种氨基酸，对猪摄入营养很有好处，85%用于猪和家禽饲养。实验表明，在无须额外加入动物性蛋白的情况下，仅豆粕中含有的氨基酸就足以平衡猪的食谱。只有其他粕类单位蛋白成本远低于豆粕时，人们才会考虑使用替代品。如果出现猪瘟或者禽流感，下游需求出现下降，直接会影响豆粕的价格。

6. 大豆定价看期货（大豆期货合约）

1936年，芝加哥期货交易所（CBOT）推出了大豆期货合约，对促进美国豆类产业的发展起到了很大的作用。虽然其历史不如玉米、小麦等谷物期货长，却成为CBOT交易史上最成功的品种之一。美国在最近几十年里一直是世界上最大的大豆生产国和出口国，产业格局使得美国的大豆期货价格在全世界发挥了基准价格作用，世界各国的大豆定价都要参考CBOT的大豆期货价格。同时，全球也有多地相继上市了大豆期货。如美国中美洲商品交易所（MCE）、匈牙利布达佩斯商品交易所、日本东京谷物交易所、印度多种商品交易所（MCX）都曾推出过不同的豆类期货合约。

大连商品交易所于1993年推出大豆期货合约。2002年3月，由于国家转基因管理条例的颁布实施，进口大豆暂时无法参与期货交割，为此，大商所对大豆合约进行拆分，把合约拆分为以食用品质非转基因大豆为标的物的黄大豆1号期货合约和以榨油品质大豆为标的物的黄大豆2号期货合约。换言之，黄大豆2号期货合约包含了转基因大豆，而黄大豆1号期货合约是不包括转基因大豆的。尽管CBOT的大豆期货标的名称也是黄大豆2号，但其内容不一样，1号、2号及3号是指同一品种之间的质量等级差别。

大豆期货是中国商品期货品种中上市时间较早、累计成交量最大和交易最规范的品种之一，后来，大商所又推出豆粕期货和豆油期货，油脂“三兄弟”的联袂上市，不仅顺应了接轨全球期货市场的要求，也为国内豆类生产、加工和消费企业提供了风险规避的工具，极大地满足了这些企业的避险要求（见表5）。

表5　　大连商品交易所黄大豆1号、2号及CBOT黄大豆期货合约

<table>
<tr><th>项　目</th><th colspan="2">大　商　所</th><th>CBOT</th></tr>
<tr><td>交易品种</td><td colspan="2">黄大豆1号、2号</td><td>黄大豆期货</td></tr>
<tr><td>交易单位</td><td colspan="2">10吨/手</td><td>5 000蒲式耳（约136公吨）</td></tr>
<tr><td>报价单位</td><td colspan="2">元（人民币）/吨</td><td>美分/蒲式耳</td></tr>
<tr><td>最小变动价位</td><td colspan="2">1元/吨</td><td>1/4美分/蒲式耳（12.5美元/合约）</td></tr>
<tr><td>涨跌停板幅度</td><td colspan="2">上一交易日结算价的4%</td><td>不定期调整</td></tr>
<tr><td rowspan="2">合约交割月份</td><td>黄大豆1号</td><td>黄大豆2号</td><td rowspan="2">1、3、5、7、8、9、11月</td></tr>
<tr><td>1、3、5、7、9、11月</td><td>1—12月</td></tr>
<tr><td>交易时间</td><td colspan="2">周一至周五上午9:00—11:30，下午1:30—3:00以及交易所公布的其他时间</td><td>周一至周四：17:00—15:15以及15:30—16:30，周日：17:00—15:15（美中时间）</td></tr>
<tr><td>最后交易日</td><td colspan="2">合约月份第10个交易日</td><td>合约月份第15个日历日之前的营业日</td></tr>
<tr><td>最后交割日</td><td colspan="2">最后交易日后第3个交易日</td><td>交割月份最后交易日之后的第2个营业日</td></tr>
<tr><td>交割等级</td><td colspan="2">大连商品交易所黄大豆1号交割质量标准（F/DCE A001－2018），大连商品交易所黄大豆2号交割质量标准（F/DCE B001－2017）</td><td>合约价的2号黄大豆；溢价6美分/蒲式耳的1号黄大豆；折价6美分/蒲式耳的3号黄大豆</td></tr>
<tr><td>交割地点</td><td colspan="2">大连商品交易所指定交割仓库</td><td>交易所指定交割地点</td></tr>
<tr><td>交易保证金</td><td colspan="2">合约价值的5%</td><td>不定期调整</td></tr>
<tr><td>交割方式</td><td colspan="2">实物交割</td><td>实物交割</td></tr>
<tr><td>交易代码</td><td colspan="2">A，B</td><td>CME Globex（电子交易）：ZS
CME ClearPort：S
清算：S
TAS：SBT</td></tr>
<tr><td>上市交易所</td><td colspan="2">大连商品交易所</td><td>美国芝加哥商品交易所（CBOT）</td></tr>
</table>

7. 年年岁岁花相似（豆粕消费的季节性）

豆粕是棉籽粕、花生粕、菜籽粕等12种动植物油粕饲料产品中产量最大、用途最广的一种。作为一种高蛋白质，豆粕是制作牲畜与家禽饲料的主要原料，且不易被替代。此外，豆粕还是制作糕点食品、健康食品及化妆品和抗菌素原料。

当豆粕价格过高的时候，饲料企业就开始减少饲料配方中的豆粕添加比例，增加杂粕的用量。以猪配合料为例，一般蛋白豆粕的添加量为10%—30%，当豆粕价格偏高，杂粕替代就会增加，但棉粕中的游离棉酚和菜粕如果处理不当，可能含有的硫代葡萄糖甙、丹宁、植酸、芥子碱等抗营养因子都会降低饲料品质，所以杂粕替代量理论上只有5%—10%。这就保证了每年豆粕的需求不会因为价格大幅升高而出现大幅下降。

过去20年中国大豆进口量不断增长，到目前中国每年消费的大豆80%左右依靠进口供应。因此大豆压榨厂产能多集中于沿海省份，主要集中于广西、广东、江苏、山东、河北和辽宁等地区。经过压榨生产的豆粕，将从沿海地区运送至内陆省份生产饲料，以满足全国各地的消费需求。

由于美国和巴西是中国大豆进口的最重要来源国，两个国家每隔6个月会有大豆收割供应给世界市场，因此中国大豆进口具有明显的季节性特征。在巴西和美国大豆收割后大概两个月时间，中国的大豆进口量会较大，比如每年的5—8月大量进口巴西大豆，11月至次年1月大量进口美国大豆。进口量较低的月份除出口国家供应原因，还有中国需求的季节性因素影响。

中国养殖产业需求每年具有明显的季节性特征，每年春节之后的时间是饲料消费的淡季，因此豆粕的需求每年最低，中国的大豆进口量和工厂压榨量也相对较低。伴随需求逐渐回升，工厂的压榨水平在之后的月份里不断升高。春节之前的几个月是每年饲料消费的旺季。压榨厂会根据每年的需求季节性特征安排规划生产，因此工厂的大豆压榨量会表现为比较明显的季节性特征。

8. 最常用的食用植物油（豆油的消费）

豆油取自大豆种子，与大豆豆粕一样，是大豆的压榨产品。

豆油在世界植物油生产和消费中占有重要地位。近年来，世界豆油产量和消费量均呈现上升态势。豆油产量居世界植物油产量的第二位，约占28%。在世界植物油贸易中，豆油贸易也占有举足轻重的地位。2018 年世界豆油产量为 5 700 万吨，仅次于棕榈油。豆油贸易量占世界植物油总贸易量的 15%，居各类植物油的第二位。

豆油在中国的地位更高，2018—2019 年度，中国大豆油总供应占所有植物油总供应的 45%。在中国，豆油是每年消费量最大的植物油商品，而且豆油的供应有 95% 是在国内压榨生产的，进口供应仅占 5% 左右。

豆油的生产全部由大豆压榨而成，因此世界大豆主产国即是豆油主要供应源头。中国 2000—2010 年每年进口豆油 200 万—250 万吨。近几年随着大豆进口量逐渐增加，中国压榨生产的豆油不断增多，无须继续大量进口豆油满足消费，因此豆油进口量近几年在 60 万—80 万吨。

国际能源价格对植物油价格存在很大影响。生物柴油是指植物油与甲醇或乙醇经酯转化而形成的脂肪酸甲酯或乙酯，可作为燃料使用。近 20 年，生物柴油对豆油的消耗量可以说从无到有并且不断扩大，目前工业消耗量占豆油总产量近 20%，棕榈油炼化生物柴油的比例甚至高达 27%。一旦原油价格上涨，生物柴油产量很容易迅速提高。因此，豆油具有生物能源炒作属性。

9. 大连商品交易所的豆粕及豆油期货合约

大连商品交易所于 2000 年推出了豆粕期货合约，并于 2006 年推出了豆油期货合约（见表6）。至此大豆压榨环节原料和产品的期货合约得到完善，满足了加工和消费企业的避险需求。2017年3月31日大连商品交易所又推出豆粕期货期权合约。豆粕期货期权的推出，不仅顺应了接轨全球期货市场的要求，而且为国内豆类生产、加工和消费企业提供了风险规避的工具。

表6　大连商品交易所豆粕期货及豆油期货合约

项　目	合　约　内　容	
交易品种	豆粕	大豆原油
交易单位	10吨/手	同左
报价单位	元（人民币）/吨	同左
最小变动价位	1元/吨	2元/吨
涨跌停板幅度	上一交易日结算价的4%	同左
合约月份	1、3、5、7、8、9、11、12月	同左
交易时间	每周一至周五上午9：00—11：30，下午1：30—3：00以及交易所公布的其他时间	同左
最后交易日	合约月份第10个交易日	同左
最后交割日	最后交易日后第3个交易日	同左
交割等级	大商所豆粕交割质量标准	大商所豆油交割质量标准
交割地点	大连商品交易所指定交割仓库	同左
最低交易保证金	合约价值的5%	同左
交割方式	实物交割	同左
交易代码	M	Y
上市交易所	大连商品交易所	大连商品交易所

（二）来自番外的小颗粒——菜籽

黄萼裳裳绿叶稠，千村欣卜榨新油。

——乾隆《菜花》

1. 正月采芸，二月荣芸（油菜籽的历史）

中国是世界上栽培油菜历史最为悠久的国家，据清代《植物名实图考》记载，中国油菜主要有两种：一种是“味浊而肥、茎有紫皮，多涎微苦”的油辣菜，即芥菜型油菜；另一种是“同菘菜，冬种生薹，味清而腴，逾于莴笋”的油青菜，即白菜型油菜，早期当作蔬菜栽培。另有甘蓝型油菜，原产欧洲，16 世纪才开始采籽榨油，中国在 20 世纪 40 年代先后从日本和欧洲引入。

白菜型油菜是由栽培白菜演化而来，古称芸薹，也称胡菜，相传最初栽培于塞外芸薹戍，因而得名。《夏小正》中有“正月采芸，二月荣芸”的记述。考古学家在陕西半坡新石器时代遗址里，发掘出在陶罐中已经炭化的大量的菜籽，其中就有白菜籽或芥菜籽，碳 14 测定距今近 7000 年。今青海、甘肃、新疆、内蒙古等西北一带，是油菜最早的分布地区。

芥菜型油菜则是从芥菜演化而来。长沙马王堆汉墓已有保存完好的芥菜籽；《齐民要术》中开始有关于芥菜型油菜的记述；《名医别录》中谈到芥菜型油菜已有“青芥、紫芥、白芥、南芥、旋芥、花芥、石芥”7 个品种。

劳动人民在长期种植和食用过程中，发现油菜籽中含有较多的油分，逐渐将油菜从菜用转为蔬、油兼用。唐代《本草拾遗》中有油菜种子榨油的最早记载；《图经本草》正式称它为油菜，并列入油料作物：“出油胜诸子，油入蔬清香，造烛甚明，点灯光亮，涂发黑润，饼饲猪亦肥。上田壅苗堪茂，秦人名菜麻，言子可出油如脂麻也。”中国油菜栽培是从小面积上“供作蔬茹”逐步发展到“采苔而食”直至“亦得取子”榨油，始种于北方旱作区，而后渐次扩展到江南稻区，再后发展形成了我国以黄河流域上游为中心的春油菜区和以长江流域为中心的冬油菜区。

2. 带你去看油菜花（菜籽的种植时节和区域分布）

我国油菜种植分为冬油菜（9 月底种植，5 月底收获）和春油菜（4 月底种植，9 月底收获）两大产区。冬油菜面积和产量均占 90% 以上，主要集中于长江流域；春油菜集中于东北和西北地区，以内蒙古海拉尔地区最为集中。

根据资源状况、生产水平和耕作制度，国家农业农村部将长江流域油菜优势区划分为上、中、下游三个区，并在其中选择优先发展地区或县市。其主要条件是：油菜种植集中度高，区内和周边地区有带动能力较强的加工龙头企业。

（1）长江上游优势区

包括四川、重庆、云南、贵州。气候温和湿润，相对湿度大，云雾和阴雨日多，冬季无严寒，利于秋播油菜生长。加之温、光、水、热条件优越，油菜生长水平较高，耕作制度以两熟制为主。

四川已成为我国第一大油菜籽生产省。四川省历来有食用菜油的传统，因而油菜种植面积很广，全省除了甘孜、阿坝、凉山三个少数民族自治州以及攀枝花市以外，所有的地市都有油菜籽种植，主要分布在德阳、绵阳、眉山、遂宁、内江等地市。

（2）长江中游优势区

包括湖北、湖南、江西、安徽和河南信阳地区。属亚热带季风气候，光照充足，热量丰富，雨水充沛，适宜油菜生长。主要耕作制度：北部以两熟制为主，南部以三熟制为主。

湖北油菜种植面积和产量分别排全国第三位和第二位，种植区域在江汉平原、鄂东地区，主要在荆州、荆门、襄樊、宜昌、孝感、黄冈、黄石地区。

湖南菜籽种植面积居全国第二位，种植区域集中在洞庭湖平原，主要是常德、益阳、岳阳地区。

（3）长江下游优势区

包括江苏、浙江、上海。属于亚热带气候，雨水充沛，日照丰富，光、温、水资源非常适合油菜生长。主要不利因素是地下水位较高，易造成渍害。土地劳力资源紧张，生产成本高。其耕作制度以两熟制为主。

江苏菜籽种植区域主要集中在长江以北，包括盐城、扬州、泰州、南通、南京等丘陵地区。

3. 舌尖上的中国——一粒菜籽的神奇之旅（菜籽的加工工艺）

20 世纪 70 年代前，由于浸出法制油在我国尚未得到推广应用，菜籽制油工艺主要是一次压榨法，部分地区采用土榨法，菜籽榨油后得到的菜籽饼直接作为饲料或肥料使用。

改革开放以来，浸出法制油在菜籽加工行业得到大量应用，菜籽加工行业普遍采用预榨浸出工艺，菜籽饼经浸出后获得的菜籽粕产量明显提高。目前在我国部分地区仍然存在一次压榨菜籽工艺生产的菜籽饼，但直接用作饲料的数量在逐年减少，部分菜籽饼被浸出油厂收购生产菜籽粕。统计数据显示，目前，我国菜籽饼粕市场中，菜籽粕所占比重超过 90%，菜籽饼所占比重不足 10%。在生产工艺上，我国的大豆、油菜籽等油料压榨浸出工艺与设备均已达到国际先进水平（见图 8）。

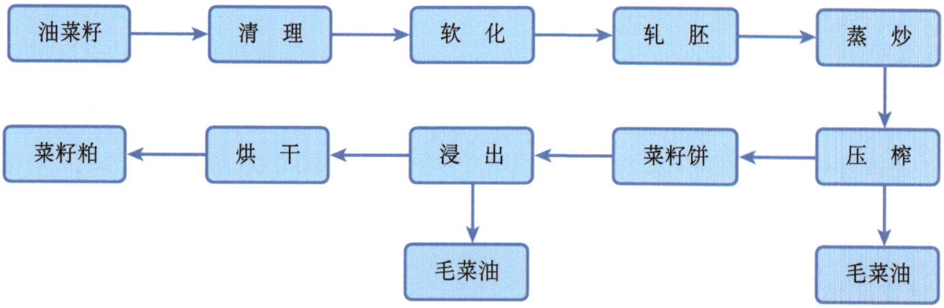

图 8　油菜籽预榨浸出工艺

资料来源：郑州商品交易所

油菜籽压榨后的两个产品分别为菜籽粕和菜籽油；而大豆压榨后的两个产品分别为豆粕和豆油。二者的结构完全相同。

小贴士

菜籽油在中国有千年的历史，使用广度上贯穿长江流域，给菜系的厨师创造了施展技艺的舞台。红油的烹制必须使用菜籽油，秘诀掌握在四川人手中。煸炒，使辣椒迅速脱水，渗出香味，捣碎，以便与菜籽油充分接触。油温是关键，过低，泼不出辣椒的香味，稍高，又容易焦煳。中式厨房不依赖温度计，全凭厨师的手感和经验精准控制。辣味素和红色素完全析出，需要静置一整天。一缸精彩的红油，几乎就是川菜的灵魂。色泽红艳，辣味醇厚，香气袭人。菜籽油在四川人手里，完成了华丽的转身。

4. 四川火锅和老干妈（菜籽的流通）

菜籽是全球四大油料作物之一，也是我国消费量第二大的油籽。2016—2017 年，我国菜籽消费总量达到了 850 万—1 000 万吨。

近几年，我国油菜籽种植面积和产量呈逐年下降趋势，油菜籽产业进入去产能阶段，需求大幅下降。近三年来我国油菜籽压榨能力大约在 2 000 万吨，但是每年实际压榨油菜籽仅有 1 000 万吨左右。在压榨 1 000 万吨油菜籽中进口约 500 万吨，国产约 500 万吨。国产油菜籽有 80% 用于农民的自留口油，仅有 20% 用于商业流通。

我国的油菜籽压榨企业主要分布在东南沿海港口的福建、广东、广西和长江流域地区的四川、湖南、安徽、江苏等地。近年来内蒙古、青海、新疆等边远省份也引资兴建，内蒙古现在就有四五家油菜籽压榨工厂，目前看有继续兴建和扩大压榨规模的势头。在去产能之后，湖北、安徽、湖南等地目前有 95% 以上的油菜籽压榨企业已经转型或者停产关闭。所以，现在油菜籽压榨企业主要分为两类：一类集中在福建、广东、广西、江苏沿海港口地区，以压榨进口菜籽油为主，开工率在 70% 左右；从菜籽的到港量来看，广东、广西、福建的进口量超过 70%。另一类是内陆地区压榨国产油菜籽的工厂，开工率只有 40% 左右，少数企业可以达到 80%。比如，四川的“菜籽王”工厂门口车水马龙，它的工厂开工率大概可以达到 80%，销量非常好。四川最大的菜籽油加工厂有 64 台小榨机，一天能加工 300 吨油菜籽。四川火锅和老干妈等都离不开菜籽油。

所以，菜籽的流向也相应地分为：进口菜籽主要集中在华南和华东，国产菜籽主要流向云贵川渝和湖南湖北。

5. 欧洲的柴油有点香（全球菜籽的供需情况）

20 世纪 50 年代以前，世界油菜籽种植主要集中在亚洲地区，亚洲油菜籽产量占世界总产量的 95% 左右。其中，我国油菜籽产量占世界总产量的比重超过 60%，位居第一位；印度位居第二位，占世界总产量的 30% 左右。20 世纪 50 年代以后，世界油菜种植布局发生了很大变化，美洲、欧洲、非洲以及大洋洲的部分国家开始大量种植油菜。目前，世界五大洲都有油菜种植，欧盟 27 国、加拿大、印度、中国为产量最大的四个国家和地区，占全球菜籽产量超过 80%。

油菜籽是全球第三大的油籽作物，近 5 年全球油菜籽产量稳定在 6 800 万—7 200 万吨，全球油菜籽除种用外基本都用于压榨。近 5 年全球油菜籽的压榨需求稳定在 6 600 万—6 800 万吨，所以全球油菜籽的库存消费比相对稳定。

生物柴油指用植物油、动物油、废弃油脂等生产的一种可再生的生物质燃料。生物柴油可以部分替代石化燃料，是一种可再生的清洁能源。生物柴油的供需与原油价格有较高的相关性。油籽的主产国利用其较低的原料成本发展生物柴油，如油棕的主产国印度尼西亚和马来西亚，大豆的主产国美国、巴西和阿根廷，油菜籽的主产国欧盟。

20 世纪 90 年代以来，欧盟积极制定生物能源方面的政策以改善国际气候。2005 年，欧盟生物柴油产量占全球产量的比重高达 85%。欧盟的生物柴油原料有菜油、棕榈油、废弃食用油、动物油、豆油等。其中，菜油是最主要的原料，占比为 43%。欧盟也是全球使用菜油生产生物柴油的最主要地区。菜油生产的生物柴油，80% 在欧盟消费。2011 年以来，欧盟生物柴油消费量相对稳定，在 1 300 万吨上下浮动。2017 年，消费量为 1 355 万吨，

随着全球大豆与油棕树种植面积的扩张，豆油与棕榈油应用于生物柴油产业的数量增加，美洲和亚太地区生物柴油产量所占比重持续上升，而欧洲的市场份额持续下降。目前，欧盟的生物柴油产量占全球产量的 37%。

6. 外来的和尚好念经（国内菜籽价格的影响因素）

影响国内油菜籽价格变化的因素众多，大致可分为以下四类。

（1）最基本的供求因素

国内油菜籽的供应主要考虑两方面：一是国产菜籽的供应；二是油菜籽的进口。近些年由于土地、劳务成本的上升，国产菜籽的种植收益越来越差，种植面积大幅减少；进口的加拿大菜籽价格相对国产菜籽便宜，国内进口量

保持稳定增长，在一定程度上影响了国产菜籽的价格。国内油菜籽的需求也分两部分：一部分是以四川为代表的西南地区的本地菜籽的消费，因当地的饮食习惯和风味要求生产浓香型菜油。浓香型菜籽油的需求刚性，供应偏紧，价格远高于普通菜籽油，所以当地油菜籽的价格也比较高。正是这种高价使得全国各地的菜籽纷纷涌向云、贵、川、渝，尤其是内蒙古、江苏的低价菜籽对内陆菜籽的价格形成了一定的冲击。另一部分是以四川为代表的西南地区之外的消费需求，较平缓。

（2）影响不断增强的国际因素

根据海关总署的数据，2017 年，我国进口大豆 9 550 万吨，进口油菜籽 474 万吨，进口 24 度棕榈油 343 万吨，进口菜籽油 75 万吨，进口豆油 65 万吨，进口葵花籽油 71 万吨。如果按照 3 350 万吨总供应量来算，我国食用植物油供应对国际市场的依赖程度接近 75%，国际市场油脂油料价格变化对国内市场的影响越来越大。

（3）密切相关的菜油菜粕

油菜籽经压榨得到菜籽油和菜籽粕（菜籽饼），市场主要需求是菜籽油和菜籽粕，所以菜籽油和菜籽粕价格的变化对油菜籽价格的影响非常大。菜粕的价格主要跟随豆粕的价格变动，而豆粕的价格同 CBOT 大豆价格息息相关。菜籽油的价格取决于整体油脂的供需情况，受豆油、棕榈油价格的影响非常大，豆油大部分来源于进口大豆压榨，棕榈油几乎全部来源于进口。虽然国产浓香型菜籽油价格不受豆油和棕榈油影响，但是进口菜籽油的价格对国产浓香型菜籽油的价格有一定的冲击。

（4）“削峰去谷”的政策

我国政策调整对油菜籽价格的影响比较大。2008 年下半年全球金融危机爆发后，国家为保护农民利益，首次出台了油菜籽托市收购政策，使得油菜籽价格止跌回升。2009—2011 年国家继续执行油菜籽托市收购政策，并不断提高托市收购价格，不仅稳定了国内油菜籽价格，也保护了农户种植油菜的积极性。最近几年，国家取消了油菜籽的托市收购，油菜籽的种植面积大幅减少。随着国家储备菜籽油的抛售结束，国内面临菜籽油供应短缺的局面，菜籽油未来价格的走势可能影响国内油菜籽的种植。

7. 鱼儿们的零食（菜籽粕的消费和价格影响因素）

菜籽粕的营养价值很高，粗蛋白含量为 35%—40%，氨基酸比较完全，几乎不存在限制性氨基酸。与其他油料饼粕蛋白相比，菜籽粕蛋白的蛋氨酸、胱氨酸含量较高，赖氨酸略低于大豆，其蛋白效价为 3—5，比大豆蛋白还高。此外，菜籽粕中钙、磷、镁是豆粕的 3 倍，硒是豆饼的 8 倍，还富含铁、锰、铜、锌等元素，是一种价廉易得的优质饲料蛋白资源。但是菜籽粕中含有多种毒素和抗营养因子，以及由于制油加工时不脱除皮壳，造成饼粕粗纤维含量较高，影响了它作为饲料的利用价值。

菜籽粕的价格会跟随豆粕价格的变化而变化，同时，其他水产饲料的原料，比如鱼粉的价格波动也会带来一定的影响。另外，我国菜籽粕价格还呈现一定的季节性波动规律。每年 2—4 月，菜籽粕库存量较少，而水产养殖开始增加，菜籽粕价格开始上涨；5—8 月，国产油菜籽开始集中上市，菜籽粕新增供给量大幅增加，国内菜籽粕价格常常出现下跌，在新季菜籽粕供应能力最强的 5—6 月，价格往往跌至年内低点；7—10 月，国产油菜籽榨季陆续结束，菜籽粕供应能力趋于减弱，水产养殖却进入对菜籽粕需求的旺季，呈现供应预期减少和需求显著增加的供需格局，国内菜籽粕价格上涨趋势较为明显；11 月到来年 2 月，水产养殖行业采购旺季结束，国内菜籽粕价格一般呈现稳定或小幅下降趋势。

8. 没有什么是一顿麻辣火锅不能解决的（菜油的消费和价格影响因素）

我国是传统的菜籽油消费大国，最近10年，随着我国经济快速发展，人民生活水平不断提高，国内植物油消费量呈现持续快速增长的态势。由于菜籽油供应量难以大幅增加，并且与豆油、棕榈油的价差扩大，导致其消费量增长缓慢，菜籽油占我国植物油消费量的比重不断降低。

我国菜籽油传统消费区域集中于长江流域的浙江、江苏、上海、安徽、江西、湖南、湖北、重庆和河南南部，西南地区的四川、云南和贵州，西北地区的青海、甘肃、陕西、内蒙古以及新疆的部分地区。传统的菜籽油消费区大部分是传统油菜籽主产区。最近几年由于菜籽油价格远高于豆油价格，部分传统菜籽油消费区的菜籽油消费量下降，表现最为突出的是长江下游地区的江苏、上海和浙江。长江中游地区的菜籽油消费量也呈现下降的趋势，主要原因是长江下游地区大量的大豆压榨企业建立，豆油产量不断增加，加上交通方便，大量价格较便宜的豆油不断冲击菜籽油市场。

与长江中下游地区菜籽油消费量下降不同的是，最近几年西南和西北地区菜籽油消费量呈现稳定增长的趋势。一方面这些地区的饮食习惯决定了人们更喜欢吃菜籽油，尤其是西南地区的餐饮业对菜籽油需求持续增加；另一方面随着生活水平的不断提高，这些地区的食用油消费量快速增加，当地供不应求的矛盾更加突出，沿海地区豆油和棕榈油运至这些地区的成本较高。

9. 郑商所的菜籽、菜粕、菜油系列期货合约

菜籽期货可以帮助农民、菜籽经营和加工企业、菜籽贸易商们控制成本、管理库存，规避市场风险。1963年加拿大温尼伯商品交易所（WCE）就推出了菜籽期货；1994年，法国国际期货交易所推出菜籽期货品种。随后，泛欧交易所、澳大利亚悉尼交易所和印度商品交易所相继上市菜籽期货。我国于2012年12月28日在郑州商品交易所推出菜籽期货（见表7）。

表 7　郑商所菜籽期货

项　目	合　约　内　容		
交易品种	油菜籽	菜籽粕	菜籽油
交易单位	10 吨/手	同左	同左
报价单位	元（人民币）/吨	同左	同左
最小变动价位	1 元/吨	同左	同左
每日价格波动限制	上一交易日结算价 ±4% 及《郑州商品交易所期货交易风险控制管理办法》的相关规定	同左	同左
最低交易保证金	合约价值的 5%	同左	同左
合约交割月份	7、8、9、11 月	1、3、5、7、8、9、11 月	1、3、5、7、9、11 月
交易时间	每周一至周五（北京时间，法定节假日除外）上午 9：00—11：30，下午 1：30—3：00	同左	同左
最后交易日	合约交割月份的第 10 个交易日	同左	同左
最后交割日	仓单交割：合约交割月份的第 13 个交易日 车（船）板交割：合约交割月份的次月 20 日	合约交割月份的第 13 个交易日	合约交割月份的第 12 个交易日
交割品级	见《郑州商品交易所期货交割细则》	同左	基准交割品符合《中华人民共和国国家标准　菜籽油》（GB1536－2004）四级质量指标的菜油；替代品及升贴水见《郑州商品交易所期货交割细则》
交割地点	交易所指定交割地点	同左	同左
交割方式	实物交割	同左	同左
交易代码	RS	RM	OI

（三）来自热带的百变油脂——棕榈油

胡麻饼样学京都，面脆油香新出炉。

——白居易《寄胡饼与杨万州》

1. 油脂界的“奇葩”（棕榈油及其提取工艺介绍）

棕榈油在植物油中是一个独特的存在，与其他植物油有着诸多的不同。

大部分植物油都是从其油籽（种子）中提炼而来的，比如豆油是大豆压榨而来，菜籽油是菜籽压榨而来，葵花籽油是葵花籽压榨而来，花生油、玉米油也是如此。但是棕榈油却是从果实中提炼得来，它的油籽提炼得到的是棕榈仁油。

棕榈油的籽实是长在树上的，油棕树是热带木本植物；而其他大部分油籽作物长在地里，且大部分是草本类的。

棕榈油的单位面积产量远高于其他植物油，油棕的单产是大豆的 11 倍、葵花籽的 10 倍、油菜籽的 7 倍。所以，棕榈油能够非常好地满足因人口大量增长而引起的食用油的消费增长需求（见图 9）。

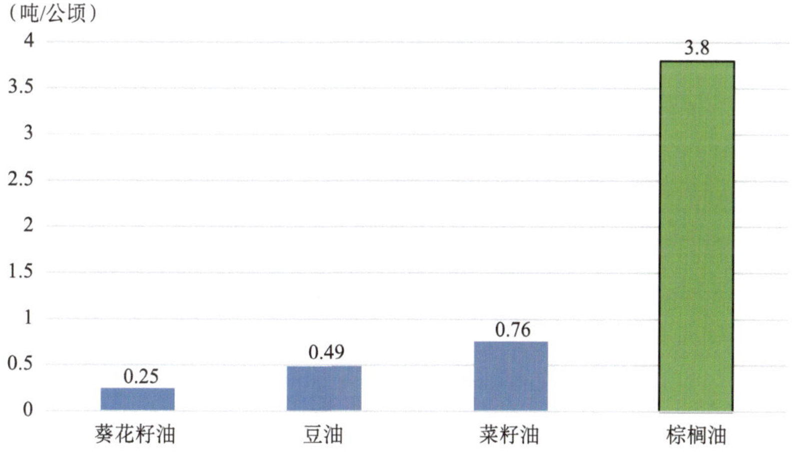

图 9　棕榈油和其他植物油单产对比

资料来源：MPOC，USDA

棕榈油含有丰富的胡萝卜素（0.05%—0.2%），以相等的重量作比较，略经提炼过的棕榈油，如以红棕榈油出售，它所含的胡萝卜素要比胡萝卜高17倍；自然界含胡萝卜素量最高的就是红棕榈油。胡萝卜素是一种强有效的抗氧化物质，也是最安全的维生素A。

棕榈油中，饱和与不饱和脂肪酸的比例是平衡的，这是其他食用油所没有的特性。在食品工业方面，棕榈油一般不需要经过氢化处理。因此，以棕榈油制成的食品不含反式油脂。

棕榈油含有适量的亚油酸和极少的亚麻酸，以及高含量的天然抗氧化剂，这使其适合直接用于几乎所有煎炸食品中，所以棕榈油是最合适的煎炸油脂，这也是其在世界各地的主要用途。

棕榈油是申请专利最多的油脂，一方面是因为它的用途广泛，可以用于食品的煎炸、烘焙，用于制造植物起酥油和人造奶油，用于制造特种油脂，还可以用于制造日化品，甚至可以做燃料和钻井泥浆；另一方面是因为棕榈油产业是马来西亚和印度尼西亚的支柱产业，这两个国家成立了专门的研究机构研发棕榈油的各种用途。

棕榈油的提取也比较简单。人们通过水煮、碾碎、榨取的过程，可以从棕榈果肉中获得毛棕榈油（CPO）和棕榈粕；同时在碾碎的过程中，棕榈的果子（即棕榈仁）被分离出来，再经过碾碎和去掉外壳，剩下的果仁经过榨取得到毛棕榈仁油（CPKO）和棕榈仁粕。经过上述初级阶段的榨取之后，毛棕榈油和毛棕榈仁油被送到精炼厂精炼，经过去除游离脂肪酸、天然色素、气味后，成为色拉级的油脂——精炼棕榈油（RBD PO）及棕榈油色拉油（RBD PKO）。经过精炼的棕榈油在液态下接近于无色透明，在固态下近白色。此外根据不同用户的需求，棕榈油还可以经过进一步的分馏、处理，形成棕榈油酸（PFAD）、棕榈液油（简称OLEAN）、棕榈硬脂（简称STEARINE或ST）。棕榈毛油容易自行水解而生成较多的游离脂肪酸，酸值增长很快，因此要及时精炼或分提。

2. 方便面与红猩猩（棕榈油的供需情况）

方便面与红猩猩怎么扯到一起了？事情要从一部动画微电影说起。

这部 90 秒钟的微电影名字是“Rang – tan：The Story of Dirty Palm Oil”。情节如下：一个小姑娘在她的卧室里面发现了一只叫“Rang – tan”的红猩猩，它玩了她的泰迪熊，穿了她的鞋子，还弄乱了她养的植物。它一直嗷嗷地叫，好像特别讨厌巧克力和方便面，它还总是对着洗发水嚎叫。小姑娘不喜欢这样的 Rang – tan，让它离开，并好奇地问它怎么会在这里。Rang – tan 的回答让小姑娘震惊不已：Rang – tan 原来生活在森林里，但是有一天来了很多人带走了它的母亲，它害怕自己也会被带走，于是逃了出来。那些人烧掉了森林，据说是为了种植棕榈油，棕榈油可以做方便面、巧克力还有洗发水。它很害怕，希望能够待在小姑娘的卧室里。小姑娘决定让 Rang – tan 留下来，还把这件事告诉其他人，让大家一起来帮助她的朋友——Rang – tan。

棕榈油是全球产量和贸易量占第一位的油脂。方便面的面饼大多是用棕榈油炸的，它的用途非常广泛，东南亚的热带雨林区适宜种植油棕。由于棕榈油产生了巨大的经济利益，东南亚的大片雨林被砍伐，变成了油棕种植园。

目前世界上大约有 20 个国家在生产棕榈油，主要生产国是马来西亚和印度尼西亚，这两个国家的总产量占世界棕榈油总产量的 85% 左右（见表 8）。

表 8　全球棕榈油产量分布　（单位：百万吨）

国家	2014—2015 年	2015—2016 年	2016—2017 年	2017—2018 年	2018—2019 年（预计）
印度尼西亚	33. 0	32. 0	36. 0	39. 5	40. 5
马来西亚	19. 9	17. 7	18. 9	19. 7	21. 5
泰国	2. 1	1. 8	2. 5	2. 7	2. 9
哥伦比亚	1. 1	1. 3	1. 1	1. 6	1. 5

续表

国家	2014—2015 年	2015—2016 年	2016—2017 年	2017—2018 年	2018—2019 年（预计）
尼日利亚	0.9	1.0	1.0	1.0	1.0
其他	4.8	5.1	5.8	5.8	5.9
总计	61.8	58.9	65.3	70.3	73.3

资料来源：USDA。

从 2007 年开始，印度尼西亚棕榈油产量超过马来西亚，成为世界第一大棕榈油生产国。

印度尼西亚棕榈油以出口为主，占比接近 70%。国内消费以食用为主，占总需求的 17% 左右，工业用途占 12% 左右（见图 10）。

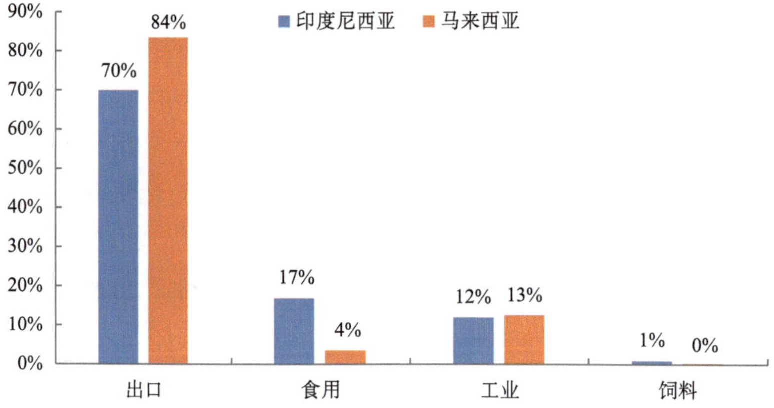

图 10　马来西亚和印度尼西亚棕榈油需求结构

资料来源：USDA。

马来西亚棕榈油产业快速发展始于 20 世纪 60 年代，经过 50 多年的发展，目前已经是全球棕榈油产业最成熟、最发达的国家。油棕已成为马来西亚的第一大经济作物，全行业年收入占农业 GDP 的比重超过 1/3，全国有超过 200 万的人口从事棕榈油相关工作。

马来西亚十分重视油棕的科研，建立了油棕的种子资源库和基因数据库；还注重棕榈油的综合利用和深加工。以棕榈油为原料，精炼出高纯度的不同级别的工业用棕榈油，推动了下游产业的发展。同时，马来西亚政府能源开发局一直致力于棕榈油能源应用。

马来西亚棕榈油产业金融产品丰富，服务水平高，衍生品交易所 BMD 有专门的棕榈油期货，作为马来西亚棕榈油出口报价的基准。

我国棕榈油几乎全部靠进口。根据海关总署的数据，2017 年，我国进口棕榈油 507.8 万吨，其中 24 度棕榈油 343 万吨，棕榈油硬脂 164.8 万吨。华北（天津周边地区及山东），华东（张家港、泰兴、宁波等上海周边地区），华南（黄埔、深圳及厦门等广州周边地区）是我国棕榈油的主要进口、加工、销售地区。进口棕榈油港口较为集中，黄埔、南京、天津海关的进口量占总进口量的 80%。

3. 代号：X 度（棕榈油的应用）

棕榈油常温下呈半固态，其含有的游离脂肪酸的量决定其稠度和熔点。国际市场上把游离脂肪酸含量较低的棕榈油称为软油，把游离脂肪酸含量较高的棕榈油称为硬油。具体的，则是以其熔点作为代号，如 52 度棕榈油、44 度棕榈油、33 度棕榈油、24 度棕榈油、12 度棕榈油等。棕榈油在不同的熔点下可以分别用于不同的领域：44 度及以上的棕榈油适用于肥皂、化妆品等工业；33 度的棕榈油适用于人造奶油、代可可脂、巧克力、冰淇淋等；24 度及以下度数的棕榈油可作为调和油和餐饮油的原料油，也用于饼干、方便面及其他副食品。目前市场上的棕榈油一般是 24 度熔点。

食用棕榈油是植物油的一种，能部分替代其他油脂，可代替的有大豆油、花生油、葵花籽油、椰子油、猪油和牛油等。

棕榈油在煎炸、烧烤食物方面具有明显优势，除了日常烹饪中煎炸使用之外，方便面的制造也大量使用棕榈油。

棕榈油又称“工业味精”，其工业用途非常广泛，根据获取方式分为两大类：一类是从棕榈油中可以直接得到的，如皂类、环氧棕榈油及其多元醇、聚氨酯和聚丙烯酸酯类产品；另外一类是需要加工提炼的油脂化工类产品，如脂肪酸、酯、脂肪醇、含氮化合物及甘油。在这两大类产品的基础上还可以通过不同的化学方式生产出各种衍生产品，比如药品、润滑油、化妆品等。

另外棕榈油还可用来生产钻井泥浆和柴油替代品。棕榈油无味无毒，其烟点和苯胺点高于65℃，使其成为钻井泥浆的一种合适的基础物。用棕榈油生产的泥浆具有更好的乳化稳定剂和流变特性，并且可以更好地控制流体损失。生物柴油是指以油料作物，如大豆、油菜、棉、棕榈等野生油料植物和工程微藻等水生植物油脂以及动物油脂、餐饮垃圾油等为原料油，通过酯交换或热化学工艺制成的可代替石化柴油的可再生柴油燃料。以棕榈油为主要原料生产生物柴油的国家主要分布在棕榈油的主产区，包括印度尼西亚、马来西亚和泰国。

4. 比地沟油还便宜（棕榈油的价格影响因素）

2018年的11月28日，一个油脂圈子里的老前辈发了一条微博：“工棕3 600，24度4 200，地沟油4 500，这个世界总是让你不明白。”后面是三个无奈的表情。短短的一句话，引起了油脂行业无数业内人士的共鸣。棕榈油期货的价格一路下跌，国内棕榈油价格已经接近历史最低点。

我国的棕榈油几乎全部依赖进口，所以棕榈油产地的供需基本面对价格的影响非常大。

国内棕榈油的供需情况是棕榈油价格的直接决定因素。供应方面主要考虑棕榈油的进口量、库存、进口利润以及其他油脂的库存等因素；需求方面主要考虑食用需求和工业需求，以及二者结构的变化，还要考虑棕榈油和豆油等油脂之间的价差所引发的替代需求。

另外，棕榈油还具有比较明显的季节性。由于24度棕榈油冬季会出现凝结，故国内棕榈油需求在冬季趋向萎缩。棕榈油的消费旺季一年有两个时间段：一为 8—9 月，中秋节、国庆节“双节”消费推动；二为 12 月至次年 1 月，元旦、春节备货需求。另外，棕榈油主产国生产也有季节性规律：3—10 月通常是马来西亚及印度尼西亚棕榈油的增产周期，11 月到次年 2 月为减产周期；9—11 月通常是增产周期最高峰。

国内棕榈油价格还受到相关政策的影响，关税政策、环保政策、生物柴油政策等都会间接影响棕榈油的供需、成本等，进而对价格产生影响。

5. 大连商品交易所棕榈油期货合约（见表 9）

表 9　大连商品交易所棕榈油期货合约

项　目	合 约 内 容
交易品种	棕榈油
交易单位	10 吨/手
报价单位	元（人民币）/吨
最小变动价位	2 元/吨
涨跌停板幅度	上一交易日结算价的 4%
合约月份	1、2、3、4、5、6、7、8、9、10、11、12 月
交易时间	每周一至周五上午 9：00—11：30，下午 1：30—3：00 以及交易所公布的其他时间
最后交易日	合约月份第 10 个交易日
最后交割日	最后交易日后第 3 个交易日
交割等级	大连商品交易所棕榈油交割质量标准
交割地点	大连商品交易所棕榈油指定交割仓库
最低交易保证金	合约价值的 5%
交割方式	实物交割
交易代码	P
上市交易所	大连商品交易所

经济作物和农副产品篇

（一）“白金”之花满枝绽——棉花

不恋虚名列夏花，洁身碧野布云霞。

——左河水《七绝·咏棉花》

1. 西方来客，衣被中华（棉花的起源、引入和发展）

棉花，生活中离不开的朋友，棉衣棉鞋棉布棉袄棉手套，不同年代不同品牌式样，穿在身上，却是清一色暖暖的记忆和无数的温情。虽说中国人种棉花织棉布的历史也算悠久，但棉花却非中国本土原产，是远道而来的老朋友，它的原产地在阿拉伯和印度。

中国古代本土的纺织材料，主要是葛、麻、蚕丝、羊毛。最常见的御寒材料就是丝絮，有高档、低档之分。高档的是蚕丝絮，又叫“纩”；低档用的是下脚料，叫作“缊”。“缊”主要用来做绵袍，《诗经》里那句“岂曰无衣，与子同袍”，就是这种。

对于穷人来说，穿有“纩”的袍子是奢侈的，基本穿“缊”袍。填充“缊”的袍子防寒效果较差，好些名人不得志时，都为此闹出辛酸事。比如战国名家曾子当年不得志的时候就是穿“缊”袍，大冬天的撸起袖子就见胳膊肘，也因此贡献个成语：捉襟见肘！

棉花何时传入中国？以《尚书》的记载，战国年间中国南海地区的很多部落，就已经来进贡棉花了。

中国最早的没有争议的棉花传入记录，应该是汉武帝年间《后汉书》中的记载。当时海南岛的珠崖地区向汉武帝进贡了棉布。这也就说明：棉花那时早已传入了海南岛，而且连棉布技术都有了。不止海南岛有，汉代在云南哀牢和永昌地区的部族也都大规模种棉花了，那时候的棉花叫“橦华”。西晋文学家左思的《蜀都赋》里就有名句：“布有橦华”。

新疆的棉花产业虽说起步比海南、云南晚，但发展得快。中国南北朝时期，在今天吐鲁番地区的高昌国已经种得红红火火。

唐朝时期，中国棉花产业快速发展起来。从中唐起，由于经济中心南移，棉花种植也就跨越边疆界限，开始在中国铺展开，当然主要还是在南方，福建、广东种得尤其多，当时的棉布，也就多了一个称呼：南货！

南宋末年，一户上海贫困人家的童养媳为逃婚躲进了海船，稀里糊涂被拉到了海南岛。这次意外出逃成就了中国棉花史上的里程碑人物：黄道婆。这位心灵手巧的女子，在海南融合了黎族先进的棉纺技术和汉民族的先进科技，30 年后叶落归根回到上海老家，带回了棉纺技术和新型棉纺车。她开发的棉纺车比英国人早 500 多年，使中国的棉纺产业突飞猛进！上海更成了中国棉纺中心，当时有一句俗语流传天下：松江棉布，衣被天下！

明太祖朱元璋则解决了棉花的最后一个问题：产量问题。明初国策是：全国的自耕农，十亩地以下的，必须种半亩棉花；十亩地以上的，则要加倍种；种多了有奖，收成好还能免税，不种就要充军流放坐牢。以他的原话说：“如此十年，吾民贫者少矣！”在朱元璋在位末年，河南、河北、山西、山东都是棉花的重要产地，棉纺织品从此物美价廉，走进千家万户。从明朝中期起，棉布更成了中国的对外品牌。明末仅向菲律宾一个地区出口的棉布，每年就有一万匹以上。对那条古代海上丝绸之路航线，东南亚人还有一个新称呼：棉布之路。

2. 暖意融融一大家（棉花的种类）

（1）按照纤维长度粗细棉花大致可分成三大类

一是粗绒棉：主要指亚洲棉和非洲棉。亚洲棉原产于印度，非洲棉原产于非洲和阿拉伯地区。粗绒棉是我国古代主要种植棉花品种，由于产量低、纤维粗短，不适合机器纺织，已趋淘汰。

二是细绒棉：主要指陆地棉，原产中美洲，所以又被称为美国陆地棉。适应性广、产量高、纤维较长、品质较好是其特点。目前世界主流种植的棉花大多属于此类，全球主要棉花期货的标的也是该品种。

郑州商品交易所一号棉花期货合约见表 10。

表 10　郑州商品交易所一号棉花期货合约

类　型	合 约 内 容
交易品种	棉花
交易单位	5 吨/手（公定重量）
报价单位	元（人民币）/吨
最小变动价位	5 元/吨
每日价格最大波动限制	上一交易日结算价 ±4% 及《郑州商品交易所期货交易风险控制管理办法》相关规定
合约交割月份	1、3、5、7、9、11 月
交易时间	每周一至周五（北京时间，法定节假日除外）上午：9：00—11：30，下午：1：30—3：00 以及交易所规定的其他交易时间

续表

类　型	合 约 内 容
最后交易日	合约交割月份的第 10 个交易日
最后交割日	合约交割月份的第 13 个交易日
交割品级	基准交割品：符合 GB1103.1—2012《棉花 第 1 部分：锯齿加工细绒棉》规定的 3128B 级，且长度整齐度为 U3 档，断裂比强度为 S3 档，轧工质量为 P2 档的国产棉花。替代品详见交易所交割细则。替代品升贴水由交易所另行制定并公告
交割地点	交易所指定棉花交割仓库
最低交易保证金	合约价值的 5%
交割方式	实物交割
交易代码	CF
上市交易所	郑州商品交易所

三是长绒棉：主要指海岛棉，原产南美洲。纤维长、强度高是其特点，适合于纺高支纱。纤维细而长，品质优良，主要用于编制细的优等棉纱。目前世界主要的长绒棉有皮马棉、埃及棉、苏丹棉等。

（2）按照初加工方法棉花的分类

棉花按照颜色分类可以分为白棉、黄棉、灰棉、彩棉等，这主要是针对籽棉，采摘下来的籽棉无法直接进行纺织加工，经过初加工去除棉籽后就成为皮棉。按初加工方法不同，棉花可分为锯齿棉和皮辊棉。

一是锯齿棉：采用锯齿轧棉机加工得到的皮棉被称为锯齿棉。锯齿棉含杂、含短绒少，纤维长度较整齐，产量高。但纤维长度偏短，轧工疵点多，细绒棉大都采用锯齿轧棉。

二是皮辊棉：采用皮辊棉机加工得到的皮棉被称为皮辊棉。皮辊棉含杂、含短绒多，纤维长度整齐度差，产量低，有黄根。但纤维长度操作小，轧工疵点少。皮辊棉适宜长绒棉、低级棉等。

3. 遍地开花，天山独秀（棉花的种植分布）

中国划分为三大棉区：长江流域棉区、黄河流域棉区和新疆棉区。

长江流域棉区：包括上海、浙江、江苏、湖北、安徽、四川、江西、湖南8省市，曾经为中国棉花主产区，但近年来种植面积和产量下降较快，目前只剩下少量种植。

黄河流域棉区：包括河南、河北、山东、山西、陕西5省区，曾经为中国棉花主产区，但近年来种植面积和产量也下降较快，目前只剩下少量种植。

新疆棉区：包括新疆和河西走廊一带，种植面积稳中有升。新疆棉花以纤维长、色泽洁白、拉力强著称，是我国最具有发展潜力的棉区。新疆水土光热资源丰富，气候干旱少雨，种植棉花条件得天独厚，近几年棉花种植面积和产量增加很快，目前已成为我国棉花的绝对主产区。

除三大主产区外，京、津、辽、广西、云南等地也有分散种植，但其产量合计占全国棉花总产不到1%（见表11）。

表11　中国棉花产量分布情况　（单位：%）

产区	1958年	1968年	1978年	1988年	1998年	2008年	2018年
新疆棉区	2	4	3	7	31	26	81
长江流域棉区	60	44	47	60	35	41	9
黄河流域棉区	38	52	50	33	34	31	9
合计	100	100	100	100	100	98	99

资料来源：《中国统计年鉴》。

4. 春天一滴汗，秋天一树花（棉花的生长周期）

棉花主要有以下生长周期。

（1）播种期

播种后出苗需要一定的外界影响条件，主要是适宜的温度、水分、氧气、土壤等，其中决定因素是温度。棉花是喜温作物，在发芽出苗时，要求较高的温度。

在自然地温下，黄河流域棉区播种一般在 4 月中旬；如果前茬腾地及时，长江流域棉区在 4 月上旬就可播种；新疆棉区一般在 4 月 15—25 日播种。

棉花播种后，出苗日期主要决定于此时土壤的温度和水分，在正常情况下，黄河流域棉区出苗需 10—15 天，长江流域棉区需 7—10 天，新疆棉区需 15 天左右。

（2）苗期

苗期是指棉花从出苗到现蕾。黄河流域棉区一般从 4 月底、5 月初至 6 月上中旬，长江流域棉区从 4 月下旬至 6 月上旬。棉花苗期为营养生长期，影响棉苗的主要环境因素是温度。

除了温度外，如果此期间连续阴雨、水分过多、缺乏光照等，也会造成棉苗争光上窜，形成高脚细弱苗，推迟生育期，甚至会严重影响根系发育，形成烂种、烂芽及苗期病害。

（3）蕾期

棉花蕾期是指从现蕾到开花期间。一般从 6 月上中旬至 7 月上旬。棉花蕾期生长水平直接影响到中、后期抗灾能力和最终的经济产量。

由于棉花现蕾一般在 6 月上中旬，气温较高，此时降雨量的多少是决定现蕾多少的关键因素，此期的干旱、疯长或高温会严重影响棉花生育。

（4）花铃期

花铃期是指从开花至吐絮这一段时间，一般从 7 月上旬到 8 月底、9 月初。在产量形成过程中，花铃期是决定产量和品质的关键时期。此阶段根据其生育特性又分为初花期和盛大结铃期。花铃期是棉花一生中需水最多的时期，棉株对水反应敏感，如水分失调，则代谢过程受阻，导致大量蕾铃脱落，并引起早衰，严重影响棉花生育进程。

（5）吐絮期

吐絮期是指从开始吐絮到枯霜来临、生育结束的一段较长的时期。一般在 8 月下旬、9 月初开始吐絮，持续七八十天，是棉纤维生长发育的主要阶段。此期影响棉花产量和质量的因素主要有：阴雨连绵加重棉花烂铃，冷秋年份使棉花贪青迟熟、纤维发育不良等。

5. 三日不见，棉已非花（棉花的加工和下游消费）

弹棉花是一种老手艺了，如今的城市里已经不多见了。随着一声声弦响、一片片花飞，最后把一堆棉花压成一条整整齐齐的被褥，仿佛就是一种魔术，让孩子们惊讶不已。而那时候的弹棉花工匠们也都走街串巷，生意应接不暇。“檀木榔头，杉木梢；金鸡叫，雪花飘”，这是弹棉花工匠们对自己手艺的一种诠释，也是人们对他们的劳动最为形象的比喻。弹棉花的技术也和黄道婆有莫大关系。

现代的棉花加工分为：轧花、纺纱、坯布、印染、制衣等几个步骤。而在这个过程中，棉花的直接下游产品是棉纱。

近十年来国内棉花需求不振，2010 年以后国内棉花需求相比之前处于较低水平，波动明显，增长乏力。主要原因是下游纺织服装内外需求疲弱，以及来自合成纤维等替代作用的显现。

整体来看，国内纺织服装内销及出口表现不佳为棉花下游需求带来压力。内需方面，从 2011 年起，我国纺织品、服装零售额高速增长趋势扭转，年增速逐年明显下滑，由 2011 年的 37.1% 回落至 2017 年的 1.36%；而自 2018 年开始，服装类零售额始终处于负增长，全年累计增速约为 -6%。

外需方面，从 2010 年开始，纺织纱线、织物及制品和服装出口增速开始放缓，而 2015 年、2016 年两年均为负增长。出口需求不振一方面与全球经济增速放缓有关，另一方面则是由于纺织服装产业向人工、土地等成本更加有优势的东南亚国家迁徙，越南、缅甸、老挝、柬埔寨等纺织服装产业兴起引起出口替代。

在我国纺织生产中，化学纤维（包括人造纤维和合成纤维）是棉花最主要的替代产品，其中以涤纶短纤（合成纤维）和粘胶短纤（人造纤维）为主，棉花、涤纶短纤和粘胶短纤合称为纺织三大原料。棉花与涤纶短纤同为棉纱最主要的原料，而粘胶短纤由棉浆粕和木浆粕加工而成，相比于棉花而言具有更好的染色性、吸湿性和舒适性。这些优势使得近几年粘胶短纤对棉花的替代性越来越强。在 2011 年棉花临时收储制度实施之后，棉花价格保持高位，使得涤纶短纤和粘胶短纤的替代效应逐渐明显。

6. 棉棉皆辛苦，纯洁但并不简单（棉花价格的影响因素）

我国棉花产业具有产量高、消费量大、进口量大、商品率高、市场参与活跃等特点，因此棉花价格波动也大。郑棉期货价格具有对上述因素反应敏感、与现货价格关联度高、波动幅度大、波动频繁、与国际市场联动性较强等特征。

2010—2011 年，国内外棉花市场出现一波巨大的行情。2010 年 8 月底至 11 月中上旬，棉花价格井喷式上涨，其中商品属性及投机占主导因素。国内棉花减产预期强烈，同时天气因素影响使得新年度棉花质量偏差，优质棉高价难求；国内纺织服装出口的高调复苏使得新旧年度交叉期棉花紧缺，09 合约多头险遭“逼仓”。现货方面，新棉收购价格高企，市场火热。投机资金不断注入期、现两市场。各方面因素的综合力量支撑棉花期货加速上行，于 2010 年 11 月中旬达到 33 600 元/吨的历史高位，仅两个月涨幅就达到了

90%，成为该阶段最受关注的品种。11 月中旬后，棉价“理性”回归。其中宏观背景表现：国际方面欧债危机再起波澜，金融投机信心大受打压；国内 CPI 超 4% 增长，隐性通胀彻底浮出水面，银行存款准备金率上调及加息等货币紧缩政策相继出台。政府针对农产品价格调控频繁，棉花、玉米、油脂类成为重点“关注”品种，棉花首当其冲，产业链各环节均遭严控。期棉价格快速回落，但由于收购价格偏高，24 000 元成为关键成本支撑位，棉价止跌并呈盘整格局，主力 1109 合约年末收盘 28 365 元/吨，郑棉指数年末收盘 28 062 元/吨，年涨幅 68. 24%，位居国内商品期货市场年度涨幅之首。2011 年 2 月（农历年前）棉价以迅猛之势创下了历史最高点，年后扭头一路下跌，直到 9 月份才止跌企稳，跌幅超过 40%。资金炒作供需矛盾促使棉价严重脱离实际价值，纺织行业和终端消费无法负担如此高额的成本，棉价最终回归其真实价值。2011 年全球经济出现增速下滑的趋势，民众衣着消费意愿下滑。与此同时，美棉走势类似于郑棉，但美棉对郑棉的影响力弱化，期间美棉跌幅达到 50%（见图 11）。

图 11　国内外棉花期货价格对比图

棉花现货中可用于期货交割（货）的量大（大约为 80%），且交割成本相对较低。因此，棉花期货价格具有与现货价格关联度高、理性程度高和可预期性强等大品种特性。

棉花产业链长、参与群体种类多、对外贸易量大等特点都决定着棉价的影响因素较多：天气变化、生长情况、供求关系、国家对棉花价格预测指导信息、金融政策、国家收放储政策、进出口政策、纺织业发展情况、播种预期（根据 10 月份麦播时预留面积预测）等。这些都为棉花期货价格的波动提供了题材，同时也提供了很多投资机会。

棉花期货适宜套期保值的现货企业、机构投资者和中小投资者参与。从 1999 年 9 月以来的棉花价格走势来看，棉花价格波动频繁且剧烈，适宜套期保值者利用期货市场规避风险；同时棉花价格具有趋势性强、可预测性高的特点，尤其适合机构投资者进行长线投机。机构投资者可以通过收集棉花供求信息，以相对较低的成本获取较高的投资回报。棉花期货价格的影响因素多，对基本面因素反应敏感，波动频繁，投资机会较多，非常适宜于中小投资者进行短线技术性操作。

（二）幸福滋味惹人爱——糖

赣江压糖白於玉，好伴梅花聊当肉。

——杨万里《夜饮以白糖嚼梅花》

1. “糖”太宗（食糖的历史）

每个人记忆中，都承载了一些关于糖果的特别的故事。中国历史悠久，史书中也记载了很多关于糖的资料。中国西周的《诗经·大雅》中有“周原膴膴，堇荼如饴”的诗句，意思是周的土地十分肥美，连堇菜和苦苣也像饴糖一样甜。说明远在周代时就已有饴糖。在史书中甚至有关于古代很多名人患有糖尿病的记载，比如汉武帝、韩愈、苏东坡、慈禧太后等，古代中医称糖尿病为“消渴症”。

生产结晶糖的方法约于公元 600 年传到波斯（现今伊朗），然后随着伊斯兰的崛起传播至阿拉伯。当阿拉伯军队征服某一地区时，也一并带来了糖。糖的英文“sugar”，法文“sucre”，德文“zucker”，俄文“caxap”，都源自梵文“sarkara”。

中国的炼糖技术在 16 世纪出现突破。古人在无意中发现黄泥水可以把糖净化至纯白胜雪，用这种方法制出来的糖，颜色接近纯白，是当时世界上品质最好的糖。新的技术令中国能够在明末（17 世纪初）通过东印度公司出口白糖至欧洲。因此印地语中称白糖为“cīnī”（意思为“中国的”）。现代技术是采用石灰水及二氧化碳（或磷酸）生成沉淀去除杂质。可见现今采用的化学程序跟古法并没有多大分别。

在 17 世纪之前，食糖一直很昂贵，价格和胡椒、丁香、姜这些香辛料相当，只有富人才消费得起。

当甘蔗的栽培量变大时，糖的价格就下滑了，需求也增加了。经济学家称之为“良性循环”。17 世纪中叶，糖开始从奢侈香料转变成大宗作物。在 18 世纪末开始机械化生产后，食糖的产量大幅度上升，价格随之下降，逐渐变成普通人也消费得起的生活必需品。

2. 甜蜜的事业（白糖的生产）

食糖是天然甜味剂，是人们日常生活中的必需品；同时也是饮料、糖果、糕点等含糖食品和制药工业中不可或缺的原料。食糖作为一种甜味食料，是人体所必需的三大养分（糖、蛋白质、脂肪）之一，食用后能供给人体较高的热量（1 公斤食糖可产生 3 900 大卡的热量）。

生产食糖的原料主要是甘蔗，其次还有甜菜。尽管原料不同，但甘蔗糖和甜菜糖在品质上没有什么差别，国家标准对二者同样适用。从全球看，利用甘蔗生产食糖的数量远大于甜菜，比例大致为 7∶3。

甘蔗适宜种植在热带和亚热带，其整个生长发育过程需要较高的温度和充沛的雨量。地球上热带和亚热带地区的许多国家和地区都种植甘蔗，主要分布在南美、加勒比海、大洋洲、非洲的大多数发展中国家和少数发达地区。

甜菜生长于温带地区。主要分布在欧洲和北美的发达国家，如欧盟、美国北部和加拿大；少量在亚洲地区，如日本、俄罗斯和我国北部等。

工厂利用甘蔗榨取糖汁，经过沸腾浓缩，中心分离形成糖结晶，这种结晶称为原糖，呈浅棕色。甘蔗制糖有两种方法：一种是用亚硫酸法或者碳酸法直接生产白糖（一步法）；另一种是先用石灰法制造原糖，然后在精炼厂回溶、提净，再次结晶成为精炼糖（二步法）。欧美等发达国家制糖一般采用二步法，我国糖厂全部采用一步法。

甜菜制糖一般采用渗出法提糖或用碳酸法澄清直接生产白糖，不生产原糖。

根据加工环节、加工工艺、深加工程度、专用性等不同，食糖可以分为原糖、白砂糖、绵白糖、冰糖、方糖、红糖等。白砂糖、绵白糖俗称白糖。食品、饮料工业和民用消费量最大的为白砂糖，我国生产的一级及以上等级的白砂糖占我国食糖生产总量的 90% 以上。

根据制糖工艺的不同，白砂糖可分为硫化糖和碳化糖。碳化糖保质期较长，质量较好，生产成本和市场价格相对较高。目前我国绝大部分糖厂生产的是硫化糖。

由于所处纬度和气候不同，世界主要食糖输出国（地区）的制糖生产期（糖料收获期）不同。习惯上，世界食糖生产销售年度期从 9 月至次年 8 月（见表 12）。

我国食糖生产具有非常强的周期性。近十年来，食糖生产大致以 5—6 年为一个生产周期，基本上是 2—3 年连续增产，接下来的 2—3 年连续减产。2007—2008 榨季食糖产量创历史新高，达到 1 484.02 万吨，同比增加 23.7%。

表 12　世界主要食糖生产国（地区）榨季起止时间

国家（地区）	开榨—收榨时间	食糖生产销售年度
巴西	中南部为5月至12月，东北部为9月至次年4月	5月初至次年4月末
印度	11月至次年9月	10月初至次年9月末
泰国	11月至次年1月	12月初至次年11月末
欧盟	7月至次年1月	8月初至次年7月末
美国	10月初至次年4月	10月初至次年9月末
墨西哥	11月至次年7月	11月初至次年10月末
俄罗斯	8月至次年1月	9月初至次年8月末

其中甘蔗糖产量1 367.91万吨，同比增加27.30%；甜菜糖产量为116.11万吨，同比减少7.03%。之后，食糖连年减产。

我国有18个省区产糖，南方是甘蔗糖，北方为甜菜糖。白砂糖产地主要集中在广西、云南、广东、海南、黑龙江、新疆、内蒙古等省和自治区。其中，全国产糖量的95.5%集中于广西、云南、广东、海南、新疆5个优势省区。

3. “蔗”天下（食糖的全球生产情况）

甘蔗糖生产主要是沿着地球南、北回归线区域，分布在南美洲、加勒比海地区、大洋洲、亚洲、非洲等热带、亚热带国家，生产相对集中，且多数是第三世界国家，如巴西、印度、泰国、古巴等。甜菜糖生产主要分布在北温带的欧洲、北美洲和小部分亚洲及南美洲地区。中国、美国、埃及、阿根廷和巴基斯坦是少数几个既产甘蔗糖又产甜菜糖的国家。从发展趋势看，今后甘蔗种植面积和产糖量还会不断增加，而甜菜的种植面积和产糖量将很难有明显的增加，尤其是欧盟削减其糖业补贴后，加快了甜菜糖份额不断减少的趋势。

巴西过去十几年一直是世界第一产糖大国，最近两年可能被印度超越。糖业在巴西国民经济中占有重要地位。巴西货币汇率较低，因此巴西食糖在市场上的竞争力较高。目前巴西这个全球最大的食糖生产国和出口国的任何风吹草动都时刻牵动着全球糖市的神经，巴西的最终产量将对国际糖市本榨季和下榨季供需平衡状态产生决定性的影响。因产量基数庞大，巴西食糖出口量长期占据世界第一位的位置，占比超全球食糖出口总量的 50% 以上，远高于排名世界第二位的泰国（泰国占比 14% 左右）；其他主要出口国的出口占比均为个位数。

印度产糖量大体已与巴西相当。2018—2019 年度由于巴西产量下降，印度超越巴西成为世界最大产糖国。印度也是第一大食糖消费国，印度的食糖产量过去也曾长时间位居世界第一。糖业是印度的第二大农产品产业，仅次于棉纺织品行业，种植甘蔗从业人员近 5 000 万人。其国内的产销状况直接决定了其在国际市场上是进口国还是出口国，这将对国际市场的供需格局产生较大影响。

泰国是亚洲最大的食糖出口国，亦是世界第二大食糖出口国，仅次于巴西。泰国大部分地方属于热带季风气候，土地肥沃，土层深厚，非常适合甘蔗生产。近年原油价格走低，运费成本大幅缩减，加上泰国较巴西距离亚洲国家运输周期更短，成本缩减 50% 以上，导致泰国食糖出口竞争力不断增强。

欧盟是全球第三大生产地区、第二大白糖消费地区。欧盟食糖市场受政府高度管制，因其配额制度，2007 年以来对国际糖市的影响有限。2017 年 10 月，即从 2017—2018 榨季开始，欧盟终结食糖生产配额制度。

欧盟糖业政策是欧盟所有农产品政策中最为成功的一种，也是世界各国糖业政策中最完善的。其出发点是保护糖农和制糖企业的利益，核心是价格稳定体系。糖农、加工者和消费者的利益都得到了较好的保护，使欧盟从原来的食糖净进口地区转变为净出口地区。

澳大利亚是世界第三大食糖出口国，其每年约有 70%—75% 的食糖以散装方式出口至国际市场，澳大利亚的产销和出口量对国际市场贸易结构的影响越发重要。澳大利亚的甘蔗主要种植在降雨充沛且灌溉条件较好的 2 100 公里的东海岸沿线平原和河谷地带，其所处位置决定了甘蔗主产地较容易遭受飓风、洪涝和干旱等恶劣天气的侵袭，其境内的恶劣天气状况也经常为国际糖市提供炒作素材。

澳大利亚食糖产销和出口方面发展相对稳定，对国际食糖市场的供需格局影响有限，更多影响体现在天气炒作和心理预期方面。

4. 上瘾的“肥宅”快乐水（白糖的消费）

近年来，全球平均每年消耗食糖约 1.6 亿吨，人均年消费食糖约 23.65 公斤。从 1995—1996 榨季开始，全球食糖消费量以 2% 的速度稳步增长。促进消费增长的最主要因素是全球人口的增加（从 20 世纪 90 年代中期开始，全球人口增长率约为 1.3%）和人均收入的增加（按人均 GDP 计算，过去 10 年内发达国家和发展中国家人均收入分别以每年 2.1% 和 3.9% 的速度增长）。因此，在当前全球经济依然处于不断发展的时期，食糖在全球范围内的消费量将继续增加，但区域之间、国家之间在消费上会存在一定的差异。发达国家的食糖生产及消费会略有下降或持平，而发展中国家，随着人口的自然增长和生活水平的提高，食糖的生产与消费量将有较快的增长。全球的白糖消费较分散，集中于发达国家或人口大国，主要为印度、欧盟、中国、美国、巴西，这几个国家占全球总消费量的 47%；其余国家消费则非常分散（见图 12）。

我国是世界第四大食糖消费国，每年食糖消费量超过 1 500 万吨。随着人民生活水平迅速提高，长期来看，我国未来的食糖消费市场还有拓展空间。短期内看，人口缓慢增长会适度增加需求，但健康饮食概念的推广，制约了食糖终端消费的扩大，再加上不断有新型食糖的替代品被研发出来，含糖食品的配方也不断调低糖分的比例，使食糖消费大致趋于稳定，这一情况与发达国家比较类似（见图 13）。

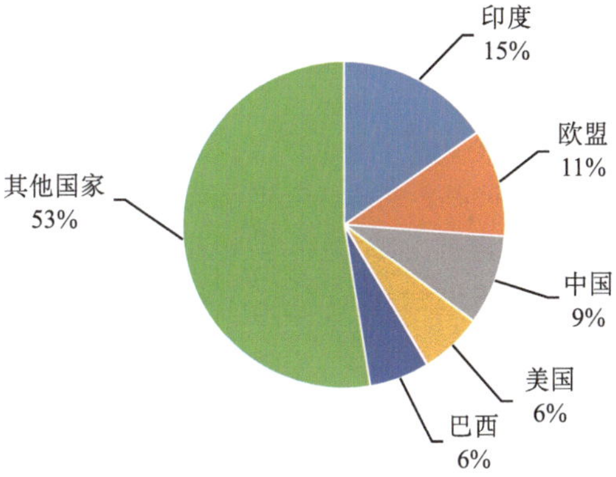

图 12　2017—2018 年度全球食糖消费情况

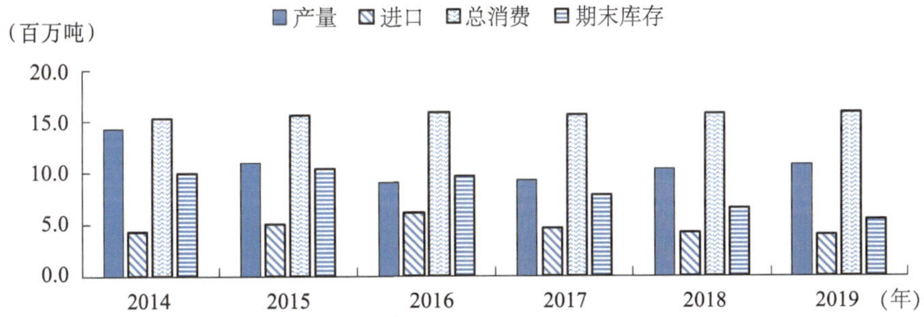

图 13　中国白糖年度供求情况

5. 七死八活九回头（白糖价格的影响因素）

影响食糖价格波动的原因较多，既有国内生产供给和国际市场供求变化的影响，又有食糖消费、市场体系和宏观调控等方面的因素。据统计，在世界市场 15 种农产品中，食糖是价格波动最大的商品。

（1）影响国际食糖价格的主要因素

一是主要出口国及消费国情况。巴西、印度、泰国、澳大利亚、古巴等是全球食糖主要生产国（地区）和出口国（地区），这些国家或地区的产量、出口量、价格及政策是影响国际食糖市场价格的主要因素。欧盟、俄罗斯、中国、印度尼西亚、巴基斯坦等国（地区）是全球主要食糖消费地或进口地，这些国家（地区）的食糖消费量、消费习惯、进口政策、本地产量等也是影响国际食糖市场价格的主要因素。

二是自然灾害对主要产糖国食糖生产的影响。作为农产品，各国的食糖生产不可避免地受到洪涝和干旱天气等自然灾害的影响，近年来自然灾害对食糖生产的冲击尤为明显。

三是国际石油价格对食糖市场的影响。随着国际石油价格不断上涨，一些国家为减少对石油的依赖性加入了寻找蔗制酒精等生物替代能源的行列，甘蔗已不再单一地作为一种农产品，市场方面已越来越把糖看作是一种能源产品，石油价格的涨跌不仅影响全球经济状况，影响国际运费，还会影响酒精产量，进而影响全球食糖产量。因此，石油价格的涨跌不可避免地将影响食糖价格的走势。

四是美元币值变化和全球经济增长情况对食糖市场的影响。作为用美元计价的商品，食糖价格的走势除受自然灾害影响外，无疑还受美元币值的升降和全球经济增长快慢的影响。通常情况下，美元币值下跌意味着非美元区购买食糖的成本下降，购买力增强，对国际食糖市场的支撑力增强；反之，将抑制非美元区的消费需求。

五是主要食糖进口国政策和关税政策变化对食糖市场的影响很大。国际食糖组织的有关政策、欧盟国家对食糖生产者的补贴、美国政府的生产支持政策等，对全世界食糖供给量均有重要影响。

六是投资基金大量涌入使国际糖市充满变数。作为期糖市场上左右糖市走向的最强大的力量，投资基金的取舍在很大程度上决定着糖价的涨跌，分析糖价走势绝对不能无视投资基金的动向。历史上，投资基金进驻商品市场的规模基本上与全球经济增长快慢成正比，即全球经济高速增长，投资基金在商品市场上做多的规模也扩大，反之亦然。

（2）影响国内食糖价格的主要因素

国内糖价除受国际价格波动的影响外，糖料生产的波动是国内食糖市场波动的根本原因。制糖业是典型的农产品加工业，制糖原料是决定食糖供给的基础因素。影响较大的因素有：播种面积、气候条件、产销关系、季节性因素、国家宏观调控、替代品、节假日的影响、国际市场的变化及进口量、人民币汇率的变化等因素。

食糖行业有“七死八活九回头”的说法。5 月以前，由于各产区都在生产，货源充足，商家选择的余地比较大，再加上糖厂急需资金，所以价格是混乱的。进入 6 月后，糖厂停榨，总体趋势还未形成，此时，价格是平稳的。进入 7 月以后，很多厂家资金压力减轻了，产销率的压力也小了，出于对后市的看好，或者说惜售心理较重，自然要放慢销售的节奏；而商家又觉得囤货为时还早，真正意义上的消费旺季还没有到来，因此，7 月的糖市就没有多少活力。进入 8 月后，销售时间只剩两个月，传统的中秋节在即，用糖高峰也就开始了，于是市场又有了一定的活力。到了 9 月，随着老糖销售接近尾声，新糖还没有上市，价格可能会出现翘尾行情。

作为食糖净进口国，我国食糖进口量成为影响国际市场和国内市场的直接原因。国内食糖的生产流通和使用的各个企业，均认识到国际食糖市场在很多时候影响国内食糖市场价格和供求变化，普遍对国际食糖市场较为关心，在国际食糖市场发生较大变化时，往往会采取与之相应的商业行为。因此，国内食糖市场的变化经常与国际食糖变化形势密切相关（见图 14）。

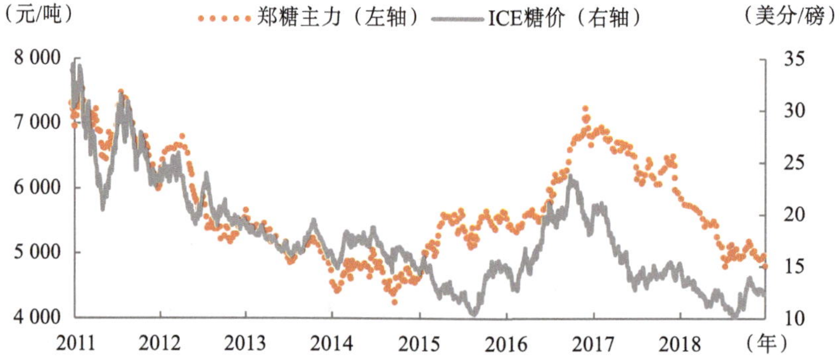

图 14　郑糖和 ICE 食糖价格走势

6. “糖”朝那点事（白糖期货合约介绍）

全球食糖的自由贸易主要以纽约期货交易所（NYBOT）和伦敦国际金融期货期权交易所（LIFFE）的原糖和白砂糖期货合约价格为结算依据。此外，巴西期货交易所（BM&F）、东京谷物交易所（TGE）、关西商品交易所（KCE）、法国期货交易所（MATIF）、莫斯科银行业外汇交易所（MICEX）、印度国家商品及衍生品交易所（NCDEX）、福冈期货交易所（FFE）都曾经或正在交易食糖期货（期权）合约。

1995 年以前，我国曾经开设过白糖期货市场，后又被关闭。作为全球重要的食糖生产国与消费国，建设与发展白糖期货市场十分必要。因此，2006 年 1 月 6 日，白糖期货正式在郑州商品交易所上市交易（见表 13），我国也成为世界上第 7 个拥有食糖期货的国家。2017 年 4 月 19 日，郑州商品交易所正式挂牌交易白糖期货期权。

表 13　　郑州商品交易所白糖期货合约

项　　目	合　约　内　容
交易品种	白砂糖（简称白糖）
交易单位	10 吨/手
报价单位	元（人民币）/ 吨
最小变动价位	1 元 / 吨
每日价格最大波动限制	上一交易日结算价 ±4% 及《郑州商品交易所期货交易风险控制管理办法》相关规定
合约交割月份	1、3、5、7、9、11 月
交易时间	每周一至周五（北京时间，法定节假日除外）上午 9：00—11：30，下午 1：30—3：00 以及交易所规定的其他交易时间
最后交易日	合约交割月份的第 10 个交易日
最后交割日	合约交割月份的第 13 个交易日
交割品级	见《郑州商品交易所期货交割细则》
交割地点	交易所指定交割仓库
最低交易保证金	合约价值的 5%
交割方式	实物交割
交易代码	SR
上市交易所	郑州商品交易所

（三）玉黄琼心液胎藏——鸡蛋

两个黄鹂鸣翠柳，一行白鹭上青天。

——杜甫《绝句》

1. 鸡蛋的寻根之旅（蛋鸡的上游和养殖）

从 1985 年开始，我国禽蛋产量已经连续 30 多年雄踞世界第一位，2017

年总产量为 3 096. 29 万吨，其中，鸡蛋产量占禽蛋总产量的比例稳定在 85% 左右（见图 15）。

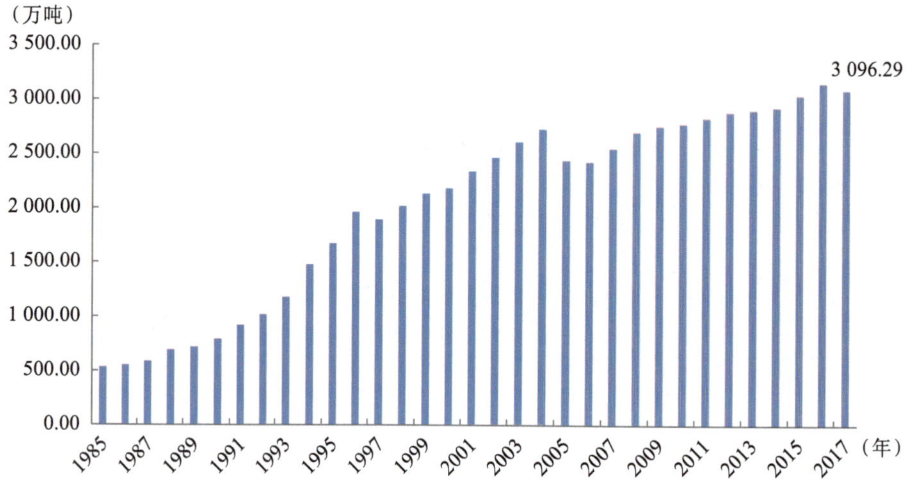

图 15　国内禽蛋产量

资料来源：国家统计局。

从各个地区来看，我国鸡蛋生产主要集中在北方地区，中南部产量次之，西部地区产量最少。从省份来看，我国鸡蛋生产主要集中在河南、河北、山东、辽宁、江苏、四川、湖北、安徽、黑龙江 9 个省份。在 2009 之前，河北省的鸡蛋产量一直保持全国第一位，2009 年开始河北省鸡蛋产量大幅减少，河南省和山东省的鸡蛋产量超过河北省，且这两个省交替领先。

我国鸡蛋产业链可以分为蛋鸡饲料生产、祖代蛋种鸡养殖、父母代蛋种鸡养殖、蛋鸡孵化、蛋鸡养殖、单品加工等环节。在这些环节中，从鸡蛋往上追根溯源，分别是商品代蛋鸡养殖、父母代蛋鸡养殖，级别最高也是最原始的是祖代蛋鸡。

现代蛋鸡都是通过杂交培育出来的，蛋鸡的代际繁殖可以分为四代：原代（曾祖代）、祖代、父母代、商品代。

引进一套种鸡20周开产，孵化需要21天生出父母代鸡苗，再要20周开产，然后孵化21天生产出商品代鸡苗，最后饲养17周左右开产。从祖代到商品代生产总共需要将近440天。

2. 一生产蛋300颗——成功的鸡蛋，背后的努力（鸡蛋的生产）

虽然我国从1985年开始已经成为鸡蛋生产和消费的第一大国，但是我国蛋鸡的养殖模式仍然相对落后。按照不同的养殖规模，目前单个养殖户（场）规模在2 000—50 000只比较多，大约占总产量的90%以上，真正大规模的比较少。同时，在小规模养殖中，兼职从事养殖的养殖户比例超过50%，而专业的养殖户相对较少。从年龄结构来看，基本上集中在40—50岁，或者40—60岁，30岁以下很少，“90后”从事这个职业的人相对比较少，给未来的养殖技术转型带来了一定的难度。从劳动效率来说，我国人均饲养量约5 000多只，而发达国家人均饲养量是50 000多只。还有鸡粪处理方面，小规模养殖户基本上没有鸡粪处理设施，规模大的才会重视鸡粪处理。

养鸡的方式从最早的小鸡窝、简易的设施，到现在的制度化、生态化、机械化的转变，再到提倡动物福利。欧洲在1999年通过了动物福利法，从2003年起禁止新建传统笼养鸡舍，2012年1月1日起取缔传统鸡笼；美国很多企业承诺到2025年以后，不再收购非福利养殖的鸡蛋。欧洲和美国的蛋鸡养殖方式已经从传统笼养鸡舍转变为立体散养、层叠福利、笼放结合等多种养殖模式，所以我国养殖模式的转型已是迫在眉睫。

3. 三月三，地菜花煮鸡蛋（鸡蛋的季节性消费）

我国鸡蛋消费分为工业消费（深加工蛋）、家庭消费和户外消费（餐馆和机构消费蛋），其中，工业消费比重相对偏少。根据统计，目前我国鲜蛋终端消费中，约50%为家庭消费，30%为户外消费，工业消费仅占20%。

自古以来，鸡蛋就是老百姓熟知的营养食物，加上特定的文化，也形成了很多与鸡蛋相关的习俗。比如，妇女生孩子“坐月子”，不仅产妇自己要吃鸡蛋，而且还要将鸡蛋染红，称为“红蛋”或“喜蛋”，分送亲友，以示喜庆。在我国不少地区还流行着姑娘出嫁要陪吃红蛋的风俗。

除了结婚生子以外，每年从春节开始的各个节日，也有各种各样吃鸡蛋的习俗。每年的中秋、春节等节日期间，对食品的需求旺盛，相应对鸡蛋的消费也较为集中，形成了鸡蛋季节性消费旺季。

从年夜饭开始，餐桌上就必须有鸡蛋，它被称为“大元宝”。进入新年，湖北荆州、沙市一带，第一餐要吃鸡蛋，意谓“实实在在，吉祥如意”；同时，要用灶头煮出一大锅鸡蛋，一直要吃到元宵结束。

到了“三月三”，在湖南、湖北一带有吃“地菜煮鸡蛋”的习惯。相传在楚地，人们因为风吹雨打，头痛病很常见。三月初三，神农路过云梦泽（今孝感），见乡民头疼难耐，他找来野鸡蛋和地菜，煮给乡民充饥。乡民吃了以后，头不痛了，“三月三，吃地菜煮鸡蛋，一年不头疼”的习俗也延续至今。在广西壮族的三月三歌圩会上，男女青年对了歌，抛了绣球，爬过了竹竿，然后情人便从口袋或布袋里拿出一个个染红的熟鸡蛋，先互相碰击。一般女的吃蛋白，表示心像蛋白那么纯洁；男的吃蛋黄，表示一心不变。

立夏吃蛋的习俗也由来已久。俗话说“立夏吃了蛋，热天不疰夏”。古人认为，鸡蛋圆圆溜溜，象征生活之圆满，立夏日吃鸡蛋能祈祷夏日之平安，经受“疰夏”的考验。

中秋节是一年中的团圆节，在这一天，虽然人们没有吃鸡蛋的习俗，但是月饼是各地过中秋节的必备食品。在月饼的制作中，鸡蛋是重要的原材料之一，在月饼皮的制作中需要加入鸡蛋，制作成型后也要在表面刷上蛋液。这个没有吃鸡蛋习俗的节日反而是一年中鸡蛋消费最为旺盛的时期。

4. 回龙观里说蛋价（鸡蛋的贸易模式、流通和消费）

由于鸡蛋的生鲜、易碎、不易储存等特点，鸡蛋的贸易基本上是现产现卖的模式。养殖场生产的鸡蛋每天由贸易商运至各地大型批发市场，由批发商购买后运至各个终端。

北京市场作为鸡蛋的主销区市场，对全国鸡蛋行情来说有着风向标的作用，逐渐成为养殖单位和各级经销商关注的焦点，有“兵家必争之地”的性质。

北京鸡蛋批发市场主要有大洋路、回龙观、新发地、石门等大型农贸批发市场，其中北京的主流蛋价以回龙观为主，同时回龙观蛋价受到大洋路市场价格影响。

回龙观市场每天正常情况到车量为 5—8 台。少量来自河北的保定、石家庄和张家口，还有山西、内蒙古；辽宁最多，主要是朝阳、大连、锦州、营口，朝阳占总到车量的 60% 左右。

在没有特殊情况限制下，全国各地车均可以进入市场。一般通过经纪人销售，每箱收取一定的费用。经纪人一般在鸡蛋产区都有固定的鸡蛋收货点。

回龙观一般凌晨 3 点左右开市，下游经销商会提前来到市场，观察到车情况。如果到货量较多，则他们的采购积极性降低，因为每天市场需求量大致稳定，拖延时间采购会导致鸡蛋价格的下调；相反，到车偏少时，下游经销商如果不抓紧时间采购，会导致自己采购量不多，无法达到终端市场的需求。这就是每天市场蛋价确定的主要原因。

还有比较特殊的情况，如大雨天气影响产区装车，大雪、大雾导致道路封闭，还有交通管制、堵车等情况会导致到车量减少，蛋价也会随之调整，调整幅度会较大。

虽然鸡蛋消费较为稳定，但消费的季节性尤为明显，每年春节过后的 2、3 月份为一年鸡蛋价格的最低点，而 8、9 月份则是一年蛋价的高峰。1 月和 2 月春节前，由于节日消费需要提前备货的需求，蛋价会显著上涨，比全年平均价格高 0. 5 元/斤左右。春节期间，大量贸易商、经销商和下游企业休息停产，家庭和户外消费也在节前提前囤货，导致需求直线下滑，但母鸡并不会停止产蛋，就造成了库存累积的现象，蛋价也直线下跌。直到 3 月份，学校开学和工地开工，户外消费有所增加，蛋价终于筑底企稳，此时蛋价比全年平均低0.5元/斤。之后鸡蛋消费转好，蛋价稍稍上涨，回到平均价左右。到8、9月份，由于开学、开工和月饼需求的共振，鸡蛋消费达到一年的最高峰，价格也涨至全年最高，比全年平均高出1元/斤以上。国庆节过后，消费趋于平淡，蛋价再次回落。

5. 挥之不去的禽流感阴霾（鸡蛋价格的影响因素）

谈到家禽业，禽流感是回避不开的话题，也是鸡蛋价格和蛋鸡养殖业最大的影响因素之一。禽流感就是禽类的病毒性流行性感冒，是一种由A型流感病毒引起禽类从呼吸系统到全身败血症等多种症状的传染病。禽流感容易在鸟类间流行，过去在民间被称为“鸡瘟”，国际兽疫局将其定为甲类传染病。从2004年开始，我国几乎每年都有人感染禽流感的报告，其中2006年、2009年禽流感大规模爆发，造成严重的社会影响。

禽流感对鸡蛋价格的影响较为复杂，若是人感染禽流感情况严重，造成一定恐慌，会导致鸡蛋价格下跌；若是家禽感染禽流感情况严重，导致大量扑杀，鸡蛋供应不足，会导致鸡蛋价格上涨。

2009年3月，在墨西哥暴发“人感染猪流感”疫情，并迅速在全球蔓延。世界卫生组织（WHO）初始将此型流感称为“人感染猪流感”，后将其更名为“甲型H1N1流感”。6月11日，WHO宣布将甲型H1N1流感大流行警告级别提升为6级，全球进入流感大流行阶段。国内总共确认感染禽流感126例，死亡74例，致死率接近60%。在此期间，由于居民对禽类制品的恐慌，国内鸡蛋价格大幅下跌。2010年中，禽流感逐渐淡出人们的视野，鸡蛋也逐步回到餐桌，因为在禽流感期间扑杀大量家禽，蛋鸡存栏显著偏低，蛋价飞速上涨，最高涨至近5元/斤。

2013年3月底在上海和安徽两地率先发现H7N9型禽流感。H7N9型禽流感是全球首次发现的新亚型流感病毒。2013年4月经调查，H7N9型禽流感病毒基因来自东亚地区野鸟和中国上海、浙江、江苏鸡群的基因重配。在发现禽流感的一周内，上海的鸡蛋价格从 3.9 元/斤大幅下跌至 3 元/斤，价格显著低于其他主销区，也低于主产区 3.4 元/斤的蛋价。4 月中旬，人感染禽流感数量尚未增加，鸡蛋价格反弹至 3.7 元/斤，但到 4 月底发生大量人感染禽流感以及死亡的事件后，蛋价再次跌至 3 元/斤以下。由于造成了大量扑杀和影响了补栏数量，此次禽流感对后来的鸡蛋价格影响深远。2014 年 9 月，鸡蛋价格达到最高 5.5 元/斤。

6. 生鲜第一单（鸡蛋期货介绍）

2013 年 11 月 8 日，鸡蛋期货在大连商品交易所上市。作为国内首个生鲜品种，鸡蛋期货的上市丰富了国内期货市场品种体系，并给蛋鸡业提供了规避“鸡飞蛋打”市场风险的工具。

鸡蛋期货是一个较为特殊的期货品种，在我国上市的意义重大。其合约设计之初遇到了种种难题，比如标的物如何选择，交易单位怎么设置，仓单制度怎么制定等等。从传统意义上讲，鸡蛋无法满足耐储存这一期货品种的条件。其他商品，如金属，放上几年都没有问题；农产品，如玉米大豆等，存储时间也普遍超过 1 年。而鸡蛋的保质期一般在 30 天左右。正因为鸡蛋的这种特性，持有成本理论在鸡蛋期货上完全失效，投资者无法通过买入现货、储存、卖出期货的方式进行套利。鸡蛋期货的价格更多地可以理解为市场对未来该时刻鸡蛋价格的期望。

鸡蛋期货的上市，有助于推广鸡蛋行业标准，促进行业可持续发展，扩大农民就业，增加农民收入。同时，作为我国第一个畜牧产品期货品种，鸡蛋期货的设计方案将作为畜牧产品开发探索的经验，为生猪、肉鸡、牛奶等品种的设计提供借鉴，有利于畜牧业期货品种和养殖行业的整体发展。

鸡蛋期货合约交易单位为 5 吨/手，主要原因是：小养殖户的养殖量普遍在 1 万只左右，每天的产量约为 500 千克，10 天的产量约为 5 吨；考虑到未来 10 万只鸡的养殖场将是我国规模化养殖的主流水平，5 吨的标准相当于一天的产量。因此，将合约单位设计为 5 吨有助于促进行业规模和养殖水平的提升。还有，该合约规模与玉米、豆粕等相关品种接近，投资者可以方便地建立鸡蛋、玉米、豆粕的“饲料原料 + 最终产品”的养殖套利操作模式，便于机构投资者有效参与，有助于鸡蛋期货价格发现功能的实现。

由于鸡蛋的生鲜和易碎的特性，与其他品种相比，鸡蛋期货的仓单注册、注销、交割和限仓制度较为严格。鸡蛋标准仓单的最早注册日为交割月的首个交易日，同时所有的仓单都必须在每个交割月最后交割日后一个交易日内注销，以保证鸡蛋交割的质量，严格防范交割风险。客户可以灵活选择一次性交割、期转现交割和每日交割三种交割方式（见表 14）。

表 14　大连商品交易所鸡蛋期货合约

项　目	合 约 内 容
交易品种	鲜鸡蛋
交易单位	5 吨/手
报价单位	元（人民币）/500 千克
最小变动价位	1 元/500 千克
涨跌停板幅度	上一交易日结算价的 4%
合约月份	1、2、3、4、5、6、7、8、9、10、11、12 月
交易时间	每周一至周五上午 9：00—11：30，下午 1：30—3：00 以及交易所规定的其他时间
最后交易日	合约月份倒数第 4 个交易日
最后交割日	最后交易日后第 3 个交易日
交割等级	大连商品交易所鸡蛋交割质量标准
交割地点	大连商品交易所鸡蛋指定交割仓库、指定车板交割场所
最低交易保证金	合约价值的 5%
交割方式	实物交割
交易代码	JD
上市交易所	大连商品交易所

（四）佳果红腮香自来——苹果

错认如花枝上艳，不知荚子缀猩红。

——李调元《南海百咏抄》

1. 海外舶来品，水果大当家（苹果基本介绍）

苹果是水果中的一种，是蔷薇科苹果亚科苹果属植物，其树为落叶乔木。苹果的果实富含矿物质和维生素，是人们经常食用的水果之一。苹果品种数以千计，分为酒用品种、烹调品种、鲜食品种三大类。三类品种的大小，颜色，香味，光滑度（可能还有脆性、风味）等特点均有差别。

苹果原产于欧洲中部和东南部，还有中亚、西亚以及中国新疆。在公元前300年的欧洲已有苹果品种的记载。其后，罗马人开始栽培，并嫁接繁殖，18世纪开始已利用自然杂交进行实生苗选育，逐步推广栽培。日本在明治维新时期从欧美引入苹果，乃传入亚洲。近百年来，世界五大洲先后有了苹果栽培。

中国原始野生苹果被称为“奈”，相传夏禹所吃的“紫奈”，就是红苹果。主要生长在新疆一带。19世纪下半叶以来，我国栽培的主要是从西方引进的品种，虽然仍叫苹果，但与历史上的苹果差别很大。西洋苹果引进以山东烟台最早，公元1871年，由美国长老会成员约翰·倪维思引入烟台，开创了中国苹果栽培的新纪元。西北产区、西南产区等苹果产区均直接或间接地从烟台引进苗木，学习技术，烟台是中国苹果种植、苹果文化的根脉所在。

苹果性味温和，含有丰富的碳水化合物、维生素和微量元素，有糖类、有机酸、果胶、蛋白质、钙、磷、钾、铁、维生素A、维生素B、维生素C

和膳食纤维，另含有苹果酸、酒石酸、胡萝卜素，是所有蔬果中营养价值最接近完美的一个，因而有着“水果之王”的称号。

2. 一个产业链，脱贫要靠它（苹果的种植）

苹果是一个古老的树种，世界上仍然保持着 7 500 多个苹果品种，但生产中广泛栽培的品种只有百余个。目前我国用于经济栽培的苹果品种有 20 多个，有以早捷、贝拉为代表的早熟品种，以嘎啦、摩里士为代表的中熟品种，以富士、秦冠为代表的晚熟品种。其中红富士在我国所有栽种品种中最具代表性，其果实拥有风味好、晚熟、耐贮等优点，倍受市场青睐。

苹果树栽后 2—3 年开始结果，经济寿命在一般管理条件下为 15—50 年，土壤瘠薄、管理粗放的只有 20—30 年。

苹果树是喜低温干燥的温带果树，要求冬无严寒，夏无酷暑，才能顺利通过自然休眠。苹果自然休眠期较长。

苹果是喜光树种，光照充足，始能生长正常。日照不足，则引起一系列反应。如枝叶徒长、软弱、抗病虫力差，花芽分化少，营养贮存少，开花坐果率低，根系生长也受影响，果实含糖量低，上色不好。

土壤对苹果的生长、产量、质量的好坏影响很大。主要因素是土层、土壤通气、土质。总之，苹果种植需要土壤深厚，排水良好，含丰富有机质，微酸性到微碱。

大风常给苹果的生长发育带来许多不利的影响，如造成树冠偏斜，影响开花、授粉、破坏叶器官、落果等，所以在风大地区建立苹果园，必须营造防风林。

3. 国光和元帅，儿子叫富士（富士苹果的故事）

红富士在我国所有栽种品种中最具代表性，种植面积占比 50%，产量占比 70%，且为各主产省的主要栽种品种。新疆的红富士比例达到 100%，山东红富士比例已超过 80%，陕西和山西红富士比例超过 70%，河南和甘肃也在 60% 以上。

富士苹果是日本农林水产省果树试验场盛冈分场于 1939 年以国光为母本、元帅为父本进行杂交，历经 20 余年选育出的优良品种，于 1962 年正式命名，是世界上最著名的晚熟苹果品种。中国于 1966 年开始引进。1980 年春，农业部组织有关专家赴日本考察时，有选择地引入了长富 2、秋富 1 和长富 6 等几个着色好的富士品系的苗木和接穗，安排在苹果主产区的多个试点进行系统观察和研究。

富士苹果与其他苹果相比有更长的最佳食用日期，甚至无须放入冰箱保存。室温下可保存 4 个月；如果放入冰箱，可保存 5—7 个月。20 世纪 80 年代富士苹果被引进美国市场后同样也为美国消费者所青睐。仅仅 10 年，富士苹果就从超市里的陌生果品成为美国最受欢迎的苹果之一。2003 年在美国苹果协会发布的“最受欢迎苹果”排行榜上位列第 4，仅次于蛇果、金冠苹果和嘎拉苹果。富士苹果现在于华盛顿、纽约和加利福尼亚等美国的传统苹果种植区栽培。

4. 苹香不自醉，果红诱人觉（苹果的流通和消费）

我国是世界上最大的苹果生产国和消费国，从 2002 年开始，我国苹果产区面积和产量均平稳增长，产量年增速约为 4.5%。2013 年开始，产量增速稍稍放缓至 4% 左右。2016 年，我国苹果种植面积约 232 万公顷，年总产量达 4 388 万吨，合约 1.26 吨/亩，年总产值达 2 200 亿元，居世界首位。

自 2004 年起，我国多年保持世界最大苹果出口国的地位，但是前两年被波兰超过。2016 年中国出口苹果 132 万吨，重新成为世界上最大的苹果出口国。尽管目前苹果出口形势有所好转，但中国苹果出口所面临的约束因素渐增：一是国内劳动力要素和资本要素价格持续上涨导致出口竞争力逐步减弱；

二是国际市场需求不足，加上贸易保护加剧国际市场竞争，使中国出口市场增长空间有限；三是质量标准与海关检验检疫约束中国鲜苹果出口发达国家市场。

我国苹果产业链较短，根据消费形式分成以贸易商为主和以加工企业为主的两条支链，其中鲜果消费为我国苹果消费的主要形式，占消费总量的90%以上，剩余10%为加工消费。自2008年以来，我国苹果鲜食消费量一直呈现出不断增长的态势，而加工消费量则表现出平稳下降的趋势。

受消费习惯、气候条件和区位环境等因素的影响，我国苹果消费地域差异明显，其中北方地区及苹果主产区苹果消费量大，南方地区相对较少。主要原因是北方地区集中了我国苹果的主要产区，苹果供应量比较充足，品种多，质量好。苹果已经成为我国北方地区广大消费者的当家水果，在水果消费中占主导地位，尤其是陕西、甘肃、山东、河南、山西等地。而我国南方地区基本没有大的苹果产区，这是由于南方地区气候适宜，水果种类繁多，苹果的替代选择比较多，导致南方地区的苹果消费量相对较少。但随着苹果保鲜技术的不断提高，商品运输愈发快捷，苹果消费的地域特征正在逐渐淡化。

2016年我国苹果可用仓库库存容量约为1 100万吨，占苹果总产量的30%左右，其中入库储存量约为1 000万吨，入库率达到90%。目前苹果储存省份主要集中在山东和陕西，两省的储存能力占到全国的70%左右。

5. 象征平安意，人人皆欢喜（苹果价格的影响因素）

苹果果实的生长从4月下旬、5月上旬开始，到10月中旬结束。10月中旬开始采摘、果商收购、入库储存，一直销售至第二年7、8月份。苹果生产的季节性决定了苹果消费具有明显的季节性特征，具体表现为秋冬季苹果消费相对较多，而春夏季特别是夏季苹果供给量比较短缺，是苹果消费的淡季。由于9—11月为我国苹果采收期，大量新年度苹果流入现货市场，市场供应增加，批发价格相对较低。12 月至来年 2 月受元旦及春节节日因素影响，市场需求增加，批发价格逐步抬升。3、4 月两个月份，机械冷库的苹果集中出库，供应量变大，带动价格下跌。5 月份随着机械冷库出货接近尾声，供应量减少，价格有所回升。6 月至 8 月则为早中熟苹果集中上市时间，价格相对较低，带动苹果批发价格整体走低。

由于苹果收一季卖一年的特点，果商在行情较好时囤货、惜售、赌后市，但在行情较差时恐慌性出售，导致苹果价格波动较大。

2015—2016 年，我国苹果批发价格由 5.78 元/公斤跌至 5.27 元/公斤。主要原因为以下两个方面：一是我国苹果供大于求。产量由 2014 年的 4 092 万吨增至 2016 年的 4 388 万吨。二是我国苹果消费需求发生转变。消费者对健康果品的诉求日益增长，使得国外中高端水果进口增加，挤占国内苹果消费的市场份额。2018 年 4 月，苹果价格再次上涨，主要是由于 4 月的自然灾害导致苹果减产较多，结束了长达 10 多年的稳步增产过程。

除了苹果生产的季节性以外，苹果的节日消费也是影响苹果消费的重要因素。每到节日，人们在走亲访友的过程中喜欢带上礼物，其中苹果作为口味上佳、形象喜气的水果，成为大家送礼时的最爱。每年春节前后是送礼需求最大的时候，这段时间正好也是晚熟苹果上市的黄金期，形成了一年中苹果消费的旺季。

6. 一场倒春寒，大年变小年（苹果期货简介）

苹果期货在 2017 年 12 月 22 日上市，是标的物为鲜苹果的标准化合约。由于富士苹果的产量大、耐储存等特点，期货合约中的鲜苹果指的是符合《中华人民共和国国家标准鲜苹果》一等及以上等级质量指标的红富士苹果。

上市后，由于苹果主产区在 2018 年 4 月遭遇霜冻、暴雨等自然灾害，苹果大幅减产，导致苹果期货在 2018 年的行情波澜壮阔，其最高一日的单日成交金额大于沪深两市股票成交金额之和。作为首个鲜果类品种，苹果期货上市不仅丰富了国内商品期货品种和体系，也有利于提升我国苹果的国际影响力与话语权。此外，苹果期货上市后，投资者可以苹果期货为着力点，满足实体企业管理、经营多样化的需求，也有利于培育场外市场，强化期货市场服务实体的功能。

苹果价格不仅波动频繁，波幅也很大，产业链的相关主体难以主动应对市场供需变化，只能被动承受价格波动风险，经常造成果农和企业盲目囤积苹果，出现“果贱伤农”、企业损失严重的情况。苹果期货的出现可为果农及交易商提供避险功能，通过套期保值实现风险的转移，保障其利益不会进一步受损，以此提升苹果产业链的抗风险能力，实现产业平稳发展。同时另一方面，期货的价格发现功能可在一定程度上对苹果未来现货价格起引导作用，为果农和交易商提供市场预期，引导苹果种植结构的调整。

当前苹果市场上存在总体产量过剩和高质量好苹果产量不足的矛盾。在目前的产业体系中，每年 10 月果商收购苹果时，往往都是 70#以上的通货一同收购存储，并未建立一个严格的分级分类标准。在种植苹果时，由于种植技术和照料果树的用心程度不同，不同果农的 80#以上优果率差距巨大。苹果期货的上市，促使果农提高苹果的种植技术，优化购销环节中苹果的分类方式，最终解决苹果供求中的矛盾，使得果农种植苹果收益提高，流通环节中各项成本减少，消费者也能够吃上更多高质量的苹果。

从苹果种植区域来看，大多位于相对贫困区域，价格信息有时导致市场供应及参考不畅，而推出苹果期货有利于通过市场传导阶段性价格的参考。从另一个方面来看，苹果是贫困地区的主要作物之一，如何引导贫困地区脱贫，则需要中介平台信息或资本市场的一个合理价格参考，这对于扶贫也具有一定的现实意义（见表 15）。

表 15　　苹果期货合约

项　　目	合 约 内 容
交易品种	鲜苹果（简称苹果）
交易单位	10 吨/手
报价单位	元（人民币）/吨
最小变动价位	1 元/吨
每日价格波动限制	上一交易日结算价 ±5% 及《郑州商品交易所期货交易风险控制管理办法》相关规定
最低交易保证金	合约价值的 7%
合约交割月份	1、3、5、7、10、11、12 月
交易时间	每周一至周五（北京时间，法定节假日除外）上午 9：00—11：30，下午1：30—3：00 以及交易所规定的其他时间
最后交易日	合约交割月份的第 10 个交易日
最后交割日	仓单交割：合约交割月份的第 13 个交易日 车（船）板交割：合约交割月份的次月 20 日
交割品级	见《郑州商品交易所期货交割细则》
交割地点	交易所指定交割地点
交割方式	实物交割
交易代码	AP
上市交易所	郑州商品交易所

（五）凝珠成线白蛇转——橡胶

茂草流萤明灭，幽林树鸟惊飞。腰挎胶篓入山去，一路琼华踏碎。

——黄燕生《西江月·夜半割胶》

1. 亚马逊丛林中的神秘物质（天胶的历史）

天然橡胶（英文缩写：NR），是把巴西三叶橡胶树分泌的天然乳胶进行凝固、加工得到的弹性固状物，它的主要成分为聚异戊二烯，另外还含有少量蛋白质、类脂物、有机酸、糖类和灰分等。天胶具有回弹性、绝缘性、隔水性、可塑性等特质，有着广泛的用途，是现代人类生产生活不可或缺的资源。

据统计，世界上约有 2 000 种不同的植物可生产出类似天然橡胶的聚合物，人类已从其中 500 种得到了橡胶，然而，真正有使用价值的只有巴西三叶橡胶树。只有在南美洲的亚马逊盆地才有巴西三叶橡胶树。500 多年来，当地人一直使用这种树的乳液制作水瓶、烟草、防水鞋等日常用品。把这种树的表皮割开，树皮内的乳管会被割断，乳胶便会从树上流出。乳胶流出的情形仿佛树在流泪，因此，天胶经常被比作“树的眼泪”。16 世纪时，西班牙征服者偶然发现了这种有趣的材料，便把它带到了欧洲。当时的生橡胶十分昂贵，橡胶业被巴西的橡胶大亨垄断了一个多世纪。1876 年，英国探险家亨利计划从巴西采集数千橡胶树种偷运到英国。在当时的法规下，从巴西带出一粒橡胶树种都会被判死刑，何况是数千粒。这一计划有着极大的风险。万幸的是，亨利成功地把大量橡胶树种带回了伦敦。这些珍贵的树种被撒进英国皇家植物园里进行培育，培育出了近 3 000 株橡胶树苗。后来，这些树苗被运送到当时的英国殖民地斯里兰卡和马来西亚。在海上长时间的漂泊导致这批树苗只有一小部分存活，但这些树苗顽强地繁衍出如今亚洲的大部分橡胶林。

2. 致富靠橡胶（橡胶的种植与分布）

天然橡胶主要来源是巴西橡胶树，这种橡胶树属常绿乔木，直根系，三出复叶，革质全缘。巴西橡胶树喜高温、高湿、静风、沃土，适于以下条件种植：年平均气温 26℃—27℃，且全年高于 15℃；年降雨量在 2 500 毫米以上，分布均匀；年平均相对湿度 80% 以上；土层 1 米以上，且表层 20—30 厘米含有有机质 3% 以上，土壤 PH 值 5—6，壤质土为佳，地下水位 1. 5—2 米；海拔 300 米以下的无风地区。因此东南亚等低纬度地区很适宜。

橡胶树原产于巴西亚马逊河流域马拉岳西部地区，经过近两个世纪的培育和扩散，现已布及亚洲、非洲、大洋洲、拉丁美洲的 40 多个国家和地区。目前天然橡胶种植业主要集中在东南亚地区，该地区约占全球总种植面积的 95%。全球前 9 大植胶国都来自亚洲，分别为印度尼西亚、泰国、马来西亚、中国、越南、印度、柬埔寨、菲律宾和斯里兰卡。这 9 个国家总产量占全球总产量的 90%。近 5 年，印度尼西亚、马来西亚、中国的橡胶种植面积已趋于饱和，增长放缓，而印度、越南、泰国北部、柬埔寨等新兴产胶国植胶热情较高，植胶面积仍有可观增长。这是由国民经济发展情况决定的，越南等东南亚国家经济相对落后，植胶可为当地农民带来可观的收入。

我国大规模植胶始于中华人民共和国成立之后。中国农垦科技工作者经过不断试验，打破了植胶业“北纬 15 度以北是巴西橡胶树种植禁区”的定论，在我国南部地区种植成功，并在海南、云南、广东等省份大规模推广，已种植约 120 万公顷，年产量约 80 万吨。天然橡胶是重要的战略物资和工业原料，国务院办公厅于 2007 年印发了《关于促进我国天然橡胶产业发展的意见》，为我国天胶产业的发展提供了指导思想、基本原则、发展目标和具体措施。另外，近两年中央一号文件促进了农业供给侧改革，促进了我国天胶产业的发展，能有效降低我国天胶资源的对外依赖度。目前，我国主要在云南、海南建立了两大天胶产业基地，两省合计约占全国植胶总面积的 97%—98%。

橡胶树通常生长 5 年以后可以割胶，8 年以后进入成熟期（旺产期）。近 5 年，我国天然橡胶开割率持续为 60% 左右，开割效率不断提高，收割面积增速高于种植面积增速。2018 年，我国天然橡胶总种植面积同比增长 3. 45%，而收割面积同比增长了 8. 33%（见图 16）。

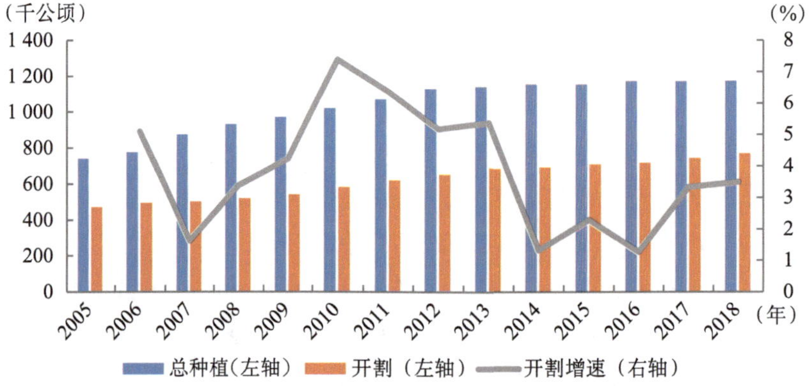

图 16　中国天胶种植（千公顷）

3. 胶树也要冬眠（橡胶的季节性）

从历史数据看，天胶产业存在一定的季节性。将天胶的季节性分供给和需求两个方面来看。

（1）供给的季节性

供给由天胶产出量以及天胶产业生产力决定。

一是天胶产出的季节性。天然橡胶的供给主要由橡胶种植业决定。众所周知，农业是受季节影响最大的行业之一。以中国天胶产量为例，中国植胶业往往在 3 月开始试割，当月产量很小。在 4 月中旬云南泼水节之后，国内橡胶全面开割。一般来说，从 4 月中旬到 6 月，是天胶产量恢复期，而 7—8 月随着降雨增加，产量开始逐渐攀升，往往在 9—10 月达到月产量高峰。11 月随着气温开始下降，降雨减少，天胶产量开始下降；12 月开始停割，产量很低；而 1—2 月产量几乎为零。分区域看，中国两大天胶产地云南和海南，云南割胶季为 4 月中旬至 11 月底，海南为 3 月底到 12 月底。

由于纬度和气候的原因，东南亚的割胶季和我国有一定的差别。以植胶大国泰国为例，泰国橡胶树往往在 5 月、6 月开割，7—11 月产量会波动，但均值较高。与中国不同的是，泰国橡胶在 12 月至次年 2 月产量依然很高，而 3—4 月才是停割季。此外，由于泰国暑期容易受到各种自然因素（台风、洪涝等）冲击，因此高产期的月产量也容易有大幅波动。

二是天胶产业生产力的季节性。在我国，由于人民生活习惯以及传统节假日的原因，往往 2 月和 7—8 月为生产淡季，其余月份相对来说是生产旺季。2 月受春节影响，大量工厂停工，工人返乡过年，生产处于停滞状态。7—8 月天气炎热，工人工作效率相对较低，因此产出也较少。分行业来看，天胶的主要相关行业是轮胎制造、汽车、鞋材以及橡胶制品。

（2）需求的季节性

市场对天然橡胶制成品的需求也受季节的影响。在我国，重型卡车产业占了天胶用量的很大比重，因此以重卡需求来反映天胶需求。重卡每年销售旺季分两段，一段从 2 月开始，一段从 10 月开始。2 月这段是由于春节刚过，房地产和基建等大型项目开工，这两项对于物流有很大需求，提振了重卡销售。10 月这段是因为中国居民大宗消费（住房、汽车）有着“金九银十”的特点，房地产业和汽车产业销量大，重卡销售也得到提振。12 月至次年 1 月，由于北方工程停工，外加春节将至，重卡销售进入低谷。此外，6—8 月也是重卡销售的传统淡季。

4. 从豆腐到沙琪玛（橡胶的加工与分类）

天然橡胶按照来源可以分为：野生橡胶、栽培橡胶、橡胶草橡胶、杜仲胶。按照形态可以分为：固体天然橡胶（胶片与颗粒胶）和浓缩胶乳。按照工艺可以分为：烟片胶、标准胶、皱片胶和乳胶。下面介绍这四种工艺。

（1）烟片胶（RSS）

分为一级、二级、三级、四级、五级及特级 6 个等级。烟片胶成片包装，呈黄色，以金黄色为佳。往往通过目测色泽来判断等级。

工艺：35% 的胶乳——过滤除杂——加水稀释——消泡——加酸凝固——除水——压片——烟熏干燥。

烟片胶的生产要在胶乳凝固之前完成，而胶乳的凝固时间为 3 个小时，因此生产工序必须衔接很快。

主要用途：轮胎厂、电缆厂、传送带输送带厂。

（2）标准胶

按照杂质含量、塑性初值、塑性保持率、含氮量、挥发物含量、灰分、色泽进行分类，其中杂质含量为主要指标，可分类为 5L、5、10、20、50 等。目前国际市场的主流是 20 号标胶，而越南生产的 3L 也是标胶的一种。3L、5L 颜色呈黄色，其余类别的标胶为深色。标胶又可分为颗粒胶和挤出胶，挤出胶是在颗粒胶的基础上多一道粉碎的工序。我国轮胎工艺决定了我国主要使用颗粒胶，因此进口的多为颗粒胶。国外的工艺多用挤出胶。

生产工艺：一是机械法：胶乳——过滤——稀释——加酸凝固——脱水——干燥；二是化学法：胶乳——加凝剂——离心分离——干燥。

主要用途：轮胎厂。

（3）皱片胶

一般分为白色皱片和褐色皱片，主要由垃圾胶生产出来，例如胶泥、胶团。

（4）乳胶

由胶乳加胺离心而得，分为高胺乳胶和低胺乳胶。乳胶呈液态，容易挥发，通常桶装或太空包装保存。

主要用途：手套厂、鞋厂、计生用品。

5. 轮胎环游记（橡胶的流通和消费）

2014—2018 年，中国天然橡胶实际消费量呈增长趋势。2018 年，全球消费天然橡胶 1 381 万吨，其中消费 20 号胶约 829 万吨。中国、欧洲、东亚（包括日本和韩国）、印度和美国是前五大消费国（地区），占总消费量的 73%。全球约 70% 的天然橡胶用于轮胎制造，其中约 80% 使用 20 号胶。

中国天然橡胶月度消费量有着显著的季节性。通常来说，第二、第四季度是天胶下游消费旺季，第一季度受春节影响消费量较低，第三季度由于高温原因开工量较低。

天然橡胶的需求大头为轮胎行业。一条全钢胎重量约为 65 千克，天然橡胶占比约为 32. 25%；半钢胎重量约为 12 千克，天然橡胶占比约为 22%。相比于橡胶管带、乳胶制品、鞋材中的天胶使用量，轮胎业的天胶消耗量大得多。

国内天胶消费大头自然也是轮胎，轮胎产业占国内天然橡胶消费量的比重超过 70%。乳胶制品和胶鞋各占总量的 8%。力车胎（自行车内外胎、手推车内外胎、摩托车内外胎、多用途车胎）约占 6%。胶管胶带以及其他橡胶制品占比为 4% 左右。

我国各地区轮胎消费量差距很大。由于生胶绝大部分用于轮胎行业，因此主要以轮胎行业的体量来评估各地区天胶消费量。

在全国范围内，华东地区的轮胎产能远远领先于其他地区，约占全国轮胎企业的 75%，因此华东地区用胶量也是全国第一，约占总量的 70%。东北地区轮胎厂商数量仅次于华东，因此天胶消耗量也较大，约占全国的 7%。华南地区轮胎企业较少，但制鞋和乳胶等产业密集分布，约占全国天胶消耗量的 6%。华北地区主要分布的是橡胶管带、输送带及制品等产业，天胶消耗量也不少，约占5%。

6. 珍珠港事件的余波（橡胶替代品市场）

天然橡胶虽然有着神奇的特性，但依然有强大的竞争对手——合成橡胶。

第二次世界大战前，巴西北部的玛瑙斯和亚马逊平原曾分别试种橡胶树，但因为枯萎病和来自亚洲地区的同业竞争，都以失败告终。当时的美国对橡胶的需求非常大，20世纪30年代末，美国天然橡胶进口额占其进口总额的1/8，主要来自亚洲。此时优质的人工橡胶还未开始研制。

1941年，珍珠港事件爆发，美国宣战。然而，日本此时已控制了东南亚的大量土地，同样对橡胶需求量极大的日本控制了全球天胶供应量的95%。于是，美国陷入了橡胶产业危机。当时的美国军工业，制造一辆谢尔曼坦克需要0.5吨橡胶，制造一艘战舰需要20 000个橡胶零部件，而每一寸电线都需要用橡胶包裹。美国不仅要发展自己的军队，还要给盟国提供大量的军事装备，但橡胶储量只够消耗一年。

美国政府高度重视橡胶这种战略物资，很快禁止在非战争必需品中使用橡胶，并且要求国内各型车辆减速，以减缓轮胎损耗。美国的各个废品收购仓库想尽办法回收橡胶。然而，橡胶资源仍不够美国使用太久。

很快，美国政府下令化学家和工程师们研制合成橡胶，但直到第二次世界大战后才研制出真正拥有优良性质的合成橡胶。美国人首先制成了氯丁橡胶，其具有天然橡胶所没有的抗腐蚀性。1955年，美国人用齐格勒—纳塔催化剂聚合异戊二烯得到了与天然橡胶构造基本相同的合成天然橡胶。此后，各种具有特殊性能的合成橡胶相继问世，产量远超天然橡胶。

目前常用的复合橡胶有以下种类：丁苯橡胶（SBR）、丁二烯橡胶（BR）、氯丁橡胶（CR）、丁腈橡胶（NBR）、乙丙橡胶（EPM、EPDM）、丁基橡胶（IIR）。除此之外还有氯磺化聚乙烯橡胶（CSM）、聚氨酯橡胶、聚硫橡胶（T）、氯醇橡胶、丙烯酸酯橡胶（ACM）、硅橡胶、氟橡胶（FPM）、氟硅橡胶（MFQ）等。

7. 傲“胶”的双重性格（价格影响因素）

影响天然橡胶价格的因素有很多。

（1）宏观环境因素

政治政策：天胶本身是一种重要的工业原料，且供给和需求往往不在同一地区，因此总是通过国际贸易流通。国际贸易本身就深受政治和政策影响。例如，轮胎出口退税率提高，就有利于出口，增加对天胶的需求，进而导致国内天胶价格上升；国内提高了工业生产的环保要求，那么大量的橡胶企业不得不减产或停产，橡胶需求减少；中美贸易摩擦短期内难以消除，国际贸易环境较差；泰国计划未来 5 年缩减天胶产量，那么供应量会下降，影响天胶价格。

社会因素：社会状况变更也会导致天胶价格变动。例如，中国近年来人口老龄化加快，人口红利消减导致产业结构产生变化。随着国民经济发展，我国中等收入群体增加，对低档橡胶产品的需求转为高档橡胶产品或其替代品，这也影响了天胶需求。

国民经济：我国 GDP 增速放缓，汽车销量增速骤降，抑制了橡胶产品需求。我国为提振经济降税降费，深化供给侧改革，影响橡胶产业。

主流技术：技术水平向来是工业和农业的重要影响因素。目前，银菊胶、杜仲胶等新型橡胶依然处于技术应用的试验阶段，由于其与天然橡胶在物理上十分相似，一旦该技术成功落地，将对天胶价格产生巨大考验。天胶下游产品中，轮胎产品正朝着子午化、轻量化发展，单位产品的用胶量降低，而混炼胶技术提升，也将减少天胶需求，极大地抑制天胶价格。

（2）天胶市场自身产业链供需结构及参与者因素

供应：当前世界上主要天胶生产国为泰国、印度尼西亚、马来西亚、中国和越南等东亚国家，各国之间竞争激烈，尤其是泰国橡胶和印尼橡胶竞争更激烈。在这样的多寡头竞争环境下，各方都不愿减产，因此天胶价格也是长期受到压制。虽然天胶市场主要由泰国、印度尼西亚等国家控制，但近年来，老挝、缅甸等东南亚小国也大力发展橡胶树种植业，产量已达 30 万—40 万吨；而非洲的科特迪瓦、尼日利亚等国也拥有良好的植胶条件，目前产量约达 60 万吨。这些国家植胶业的迅猛发展，必然会对现有天胶市场产生一定的冲击。

进口：我国天胶进口依赖度较高。2014—2018 年，中国天然橡胶进口量呈现逐年递增趋势，2017 年达到顶峰，累计进口达 566. 54 万吨，较 2014 年增幅 32. 38% 。2018 年 1—8 月进口量累计达 364. 85 万吨，同比增长 6. 21% ，全年进口量达 580 万吨，较 2014 年增幅 35. 53% ，较 2017 年增幅 2. 38% 。因此进口量对国内天胶价格影响较为明显。

库存：中国天然橡胶主要依赖进口，因此进口收货地多背靠需求市场，并集中反映供需环节的库存状况。相比之下，我国产区的库存占比较小。目前中国天然橡胶库存主要由显性库存组成，包括上海期货交易所库存和青岛保税区橡胶库存。其中青岛保税区库存是最主要的库存集中地，也可以作为对中国天然橡胶库存情况的基本反映。

终端需求：天然橡胶消费格局整体表现为以轮胎消耗为主，其整体占比约 70% ；其他橡胶制品为辅，整体占比 25% 。而 2018 年天胶总消费量保持增长态势，但是整体消费增速有所放缓。

天胶替代品：从整个橡胶产业来看，天然橡胶最大的替代品就是合成橡胶。如今，由于合成橡胶具备了天胶所欠缺的性质，因此对合成橡胶的需求飞速增长，全球合成橡胶的总产量已经远远大于天然橡胶。未来，如果合成橡胶的工艺得到极大发展，大幅贴水天然橡胶，那么天胶的需求将遭到巨大打击。而在天然橡胶内部，混合胶在近两年迅速抢占标准胶市场，混合胶已成为国内市场最主流的天胶品种。另外，由于混合胶的零关税政策，价格上有一定优势，也成为“炒家”套利的主要标的。

供应商议价和购买者议价能力：在国内天胶市场，由于进口依赖度超过八成，国内有巨大的需求，因此购买者议价能力强于供应商议价能力，并且购买者的议价能力还有增强的趋势。购买者因其成本控制需求，天胶价格低迷并不会刺激购买者的囤货意愿。

8. 迈向国际化（天胶期货介绍）

上海期货交易所（SHFE）于 1993 年上市天然橡胶期货，交割品级质量标准包括国产天然橡胶（SCR WF）以及进口 3 号烟胶片（RSS3）。从 2003 年起，SHFE 天然橡胶的市场规模全面超出东京工业品交易所（TOCOM）和新加坡商品交易所（SICOM）等海外市场。尤其在 2005 年以后，市场快速发展，交易活跃，成交量、持仓量快速增长，交易量由 2005 年的 950 万手增至 2010 年的 16 741 万手，2018 年成交量为 12 369. 10 万手（2011 年之后，天然橡胶期货合约由原先的每手 5 吨改为 10 吨）。2019 年 8 月 12 日，由上海期货交易所发起设立的、面向期货市场参与者的国际交易场所——上海国际能源交易中心又推出了一个天然橡胶期货品种，那就是 20 号胶期货。尽管 20 号胶期货品种与上海期货交易所的天然橡胶期货品种在质量上有交叉重叠之处，但上海国际能源交易中心具有“国际平台、净价交易、保税交割、人民币计价”的特色，所以 20 号胶期货是一个对外开放的期货品种。在价格上，上海国际能源交易中心采用“净价交易”。所谓“净价交易”就是计价为不含关税、增值税的净价，与国内目前期货交易价格均为含税价格的现状有很大的差别。

天胶期货的快速发展，一方面，得益于国内经济腾飞带动中国工业的发展；另一方面，制造业的强大使得中国成为全球轮胎制造中心，带动中国成为全球天然橡胶最大的消费国。

随着天然橡胶期货市场覆盖面、认可度和参与度的不断提高，天胶期货套期保值、价格发现的功能得到进一步发挥，其价格辐射力也进一步增强。天胶价格已成为国内市场的权威报价，目前也是国内橡胶企业购销合同或定价最重要的价格参考。中国政府在制定、实施橡胶行业的宏观政策时，已将天胶期货价格纳入重要参考依据；在国家增加天胶战略储备时，也将天胶期货作为国家收储的重要渠道之一。虽然目前 SHFE 还不是全球天然橡胶的定价中心，但 SHFE 天然橡胶期货的影响力仍在不断提高，未来会争取更多的定价权（见表 16）。

表 16　　天然橡胶及 20 号胶标准合约

项　目	合约内容	
交易品种	天然橡胶	20 号胶
交易单位	10 吨/手	10 吨/手
报价单位	元（人民币）/吨	元（人民币）/吨（交易报价为不含税价格）
最小变动价位	5 元（人民币）/吨	5 元（人民币）/吨
涨跌停板幅度	不超过上一交易日结算价 ±3%	不超过上一交易日结算价 ±5%
合约交割月份	1、3、4、5、6、7、8、9、10、11 月	1、2、3、4、5、6、7、8、9、10、11、12 月
交易时间	上午 9：00—11：30，下午 1：30—3：00 以及交易所规定的其他交易时间	上午 9：00—11：30，下午 1：30—3：00 以及上海国际能源交易中心规定的其他交易时间
最后交易日	合约交割月份的 15 日（遇法定节假日顺延）	交割月份的 15 日（遇国家法定节假日、休息日顺延；上海国际能源交易中心可以根据国家法定节假日、休息日调整最后交易日）
交割日期	最后交易日后连续 5 个工作日（遇法定节假日顺延）	最后交易日后连续 5 个交易日

续表

项　目	合约内容	
交割品质	标准品：（1）国产天然橡胶（SCR WF），质量符合国标 GB/T8081—2008。(2) 进口 3 号烟胶片（RSS3），质量符合《天然橡胶等级的品质与包装国际标准（绿皮书）》(1979 年版)	质量应当符合上海国际能源交易中心 20 号胶质量标准
交割地点	交易所指定交割仓库	上海国际能源交易中心指定交割仓库
最低交易保证金	合约价值的 5%	合约价值的 7%
交割方式	实物交割	实物交割
交易代码	RU	NR
上市机构	上海期货交易所	上海国际能源交易中心

资料来源：上海期货交易所官网。

全球还有其他一些交易所能进行天然橡胶期货交易，重要的有东京工业品交易所、新加坡交易所和泰国农产品交易所。

东京工业品交易所（TOCOM）：全球最早上市天然橡胶期货的交易所，于 1952 年上市天胶期货合约，标的物为 RSS3（3 号烟胶片）。第二次世界大战以后，随着日本工业的腾飞，天胶期货受到全球投资者的关注，TOCOM 的市场地位逐步提高，并逐步成为全球天胶定价中心。目前，其报价仍然是全球天胶下游加工企业、现货流通贸易商的首要参考指标。

近年来，日本经济长期不景气使得 TOCOM 的定价地位受到冲击。特别是 2008 年金融危机之后，市场资金大量转移，市场规模迅速萎缩；此外，其自身制度（标的物单一，RSS3 的生产和流通量大幅减少）及管理上的缺陷（交割制度苛刻，不利于生产商套保）也是导致其市场规模下降的重要因素。虽然 TOCOM 于 2009 年 5 月采取了延长交易时间、修改保证金制度和交易规则等一系列改革措施，但效果欠佳。2009 年至今，TOCOM 胶所有合约总持仓的平均水平一直在 25 000—40 000 手，2011 年大多时间不足 30 000 手，仅相当于 20 世纪 90 年代高峰时期的十分之一。

新加坡交易所（SGX）：亚太地区首家集证券及金融衍生产品交易于一体的企业股份制交易所。

2008 年 6 月 30 日，SGX 收购了新加坡商品交易所（SICOM），并于 2010 年 5 月 16 日把天胶期货合约从 SICOM 转移到 SGX 的衍生品交易平台。目前 SGX 天然橡胶期货的日持仓量为 15 000 手左右，日成交量低于 1 000 手（单边），交易量继续萎缩的趋势并未有实质性的改变。

SICOM 自上市天然橡胶期货合约后，一直是全球天然橡胶产地（现货）的定价中心，其价格能比较客观地反映天胶主产地的现货价格波动。全球约 70% 的轮胎制造商在新加坡设有采购中心，并按 SICOM 的天胶期货价格加上一定的升贴水向供应商发盘，SICOM 的天然橡胶期货月度平均价格成为全球天然橡胶现货长约、国际采购的定价基准。SICOM 的市场交易参与者主要是东南亚橡胶生产供应商以及新加坡现货贸易商。由于新加坡本身既不是消费国也不是生产国，因此本地资金参与度低，SICOM 天胶期货市场流动性明显不足。

泰国农产品交易所（AFET）：泰国第一家农产品期货交易所，于 2004 年 5 月 28 日开始交易，首个交易的期货合约就是 RSS3 橡胶合约。2004 年至今，RSS3 所有合约总成交量一直低于 1 600 手，大多时间低于 1 000 手；RSS3 所有合约总持仓一直在 1 000—4 000 手波动，大多时间不足 3 000 手，市场容量比较小。虽然泰国是全球最大的天然橡胶生产国和出口国，但由于成交量及持仓量较小，AFET 的市场地位明显低于 TOCOM 及 SGX。

（六）焙干坚滑若铺玉——纸浆

寒溪浸楮春夜月，敲冰举帘匀割脂。

——梅尧臣《答宋学士次道寄澄心堂纸百幅》

1. 汉韵弥吟两千年（造纸简史）

大家都知道，“造纸术”是中国的四大发明之一。《后汉书》记载了蔡伦造纸的故事，从此有了蔡伦发明纸的说法。

甘肃天水放马滩的西汉墓中曾发掘出产于文景之际的绘有地图的纸，这是目前所知最早的纸，早于蔡伦 200 多年。而史书中还记载了西汉成帝时，独宠于后宫却多年无子的赵飞燕姐妹以纸书信并包裹毒药陷害产下一子的宫女曹氏，可见蔡伦之前已经有纸。

科技史专家给出的定义是：纸是植物纤维经物理与化学作用提纯与分散，其浆液在多孔模具帘上滤水并形成湿纤维层，干燥后交结成的薄片状材料。按此定义，无论就文献记录还是考古发现而言，最早的纸的确是“中国制造”。

洛阳纸“贵”，只因纸“短”情长。在古代，造纸从来不是一件容易的事，而小规模的生产相对于人们对于纸的需求来说，更是难以解渴。挥笔落墨需要宣纸，房前屋后需要窗纸，张灯结彩需要罩纸，天上有纸风筝，雨中有油纸伞，就连出恭之后也需要一两张草纸来拭秽。纸之金贵自古已然。

到了现代，离开纸的日子更是一天都过不下去了。从《中国生活用纸年鉴》相关数据来看，2016 年国内生活用纸行业的总产量为 920 万吨，即使面临着“无纸化”革命的挑战，人们对于纸产品的需求依然有增无减。看似生活中处处可见无足轻重的寻常物，实际上在巨大的供需缺口面前已经左支右绌，而对于造纸的核心原料——纸浆的需求更是持续飙升。

2. 一文千纸说不尽（纸浆分类）

纸浆非“浆”。

博采于植物纤维之善材者，历经粉碎、蒸煮、洗涤、筛选、漂白、净化、烘干等十余道工序，使纤维离解成浆，呈现洁白絮状物，即为纸浆。

纸浆是造纸的基本原料，而植物纤维则是制浆的基本原料。几乎所有的植物纤维都可以用来制浆，现在普遍的制浆方法较之古法已有明显改进，但凡花花草草只要被送进了制浆厂，无论曾经是世界一花，还是菩提一树，经历一番周折，尽数千篇归于一律，唯遗一席洁白。

然而，英雄依然要问“出身”，不同的原料、不同的加工方法所制得的纸浆呈现着迥然不同的个性，种类相当繁多且八仙过海，各有用武之地。

根据原料的不同，纸浆可以分为木浆、非木浆和废纸浆。木浆以木材为原料，利用化学、机械或者二者结合的方法制得。非木浆则以竹子、禾草等废木材纤维原料制成，可细分为禾科纤维原料浆、韧皮纤维原料浆和种毛纤维原料浆。例如竹浆以毛竹、楠竹、慈竹等竹材为原料，在中国用竹纤维造纸自唐宋年间便已始之，至今已有上千年的历史，理论和实践经验十分丰富。纸产品总量中约30%可作为二次纤维回收利用，回归制浆厂洗刷掉一身尘埃，重新换上一袭白衣，真可谓鞠躬尽瘁，无休无息。

在纸浆大家族中，木浆绝对算得上是一方名门望族，无论在产量还是用途上都是当之无愧的“纸浆之王”，其使用量约占纸浆总量的90%以上。

木浆可根据不同工艺分为化学浆、机械浆和化学机械浆。

从发展历史来看，随着新闻报刊和打印印刷需求的逐步扩大，纤维较长、成纸耐度和韧性高的化学木浆的生产规模不断扩大，目前成为最主要的制浆品种，2017年产量在全球纸浆总产量中占比达到75%。

种瓜得瓜，种豆得豆。由于木材按树种进行分类可分为针叶树和阔叶树，所以木浆也相应地包括针叶浆和阔叶浆两大类。其中，针叶浆是由针叶树作为原材料制成的纸浆。针叶树叶多呈尖细状，因其质地较软又称为软木，如落叶松、云杉等。它们是典型的中高纬度地区“原住民”，占全世界森林储量的35%，如北美、北欧、俄罗斯、智利等地区和国家。针叶树的一生可谓厚积薄发，一棵树苗需要20—25年才能取材制浆。阔叶浆主要由阔叶树作为纤维原料制成。阔叶树叶多呈阔宽状，是一个十足的“硬骨头”，因其质地较硬又被称为硬木，如桉木、桦木等。阔叶树多生长于中低纬度地区，如美国南部、巴西、智利和印度尼西亚等。阔叶树只需要 3—5 年就可以取材制浆。相比针叶木，阔叶木纤维长度较短，有着自己的适用领域。

目前，漂白硫酸盐针叶木浆（漂针浆）和漂白硫酸盐阔叶木浆（漂阔浆）是市场上主流的两种木浆。其中漂针浆用途相当广泛，几乎可以生产所有的纸种，所以上期所纸浆期货的交割标的是宣威漂白硫酸盐针叶木浆。除了造纸以外，性能各异的纸浆被广泛用于人造纤维、塑料、涂料、胶片、火药等领域，甚至不少艺术家也对纸浆青睐有加，将其作为艺术创造的材料，成为可供欣赏的艺术品（见图 17）。

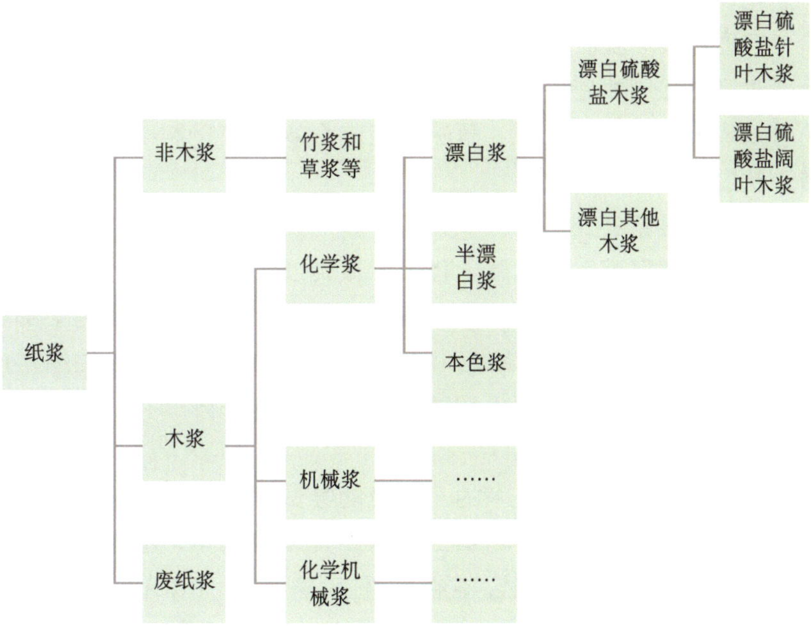

图 17　纸浆的分类

3. 青山绿水的召唤（制浆技法的变化）

在工业化社会中，造纸制浆流程主要包括原料采贮和削片、蒸煮、洗涤、筛选、漂白、烘干、切片和打包等工序。

制浆行业是高投入、高能耗、高污染的工业模式，在制浆过程中，由于采用高温高压蒸煮的方法，制浆与水污染如亲生兄弟一样同时大量出现，纸浆做得越好，污染越严重，治理污染所需费用就越高。传统制浆工业一般采用碱法和亚硫酸法生产纸浆，废水排放量大，废水中含有大量的悬浮物、BOD（生化需氧量）、COD（化学需氧量）、色度（黑液）、酸碱物质、毒性物质等，严重污染环境。

尽管政策性强制关停污染企业可以立马解决环境污染问题，但是解决不了市场对纸浆的客观需求问题。解决困境的根本办法是制浆技术的创新，建立无污染新型制浆技术。

光化学制浆是新生技术的代表，利用自然光源和人造光源，在光敏剂的帮助下，对纤维进行照射，光量子将其能量传递给某些化工原料，使纤维一次形成白浆。制浆过程中，水中并没有黏稠胶体产生，剩余水也全部实现回收利用，用水量大幅减少，吨浆用水量约为 3 吨，即由于纤维性原料成浆后所吸收的水分量与制浆过程中自然蒸发掉的水分两部分之和。这些水分完全被消耗掉，不存在排放问题。

生物制浆也是新型制浆技术的一次成功尝试。生物制浆法实现了生物分解与机械加工相结合，利用生物漂白技术，实现漂白用水零排放，整个制浆工艺过程中的水是循环使用，不存在化学需氧量（COD）、生化需氧量（BOD）和悬浮物（SS）。因为在生物分解过程中，真菌把植物秸秆中纸浆不用的木素、淀粉、果胶、果糖等物质分解生成氧气和二氧化碳，氧气和二氧化碳又生成碳酸，碳酸进一步软化植物木素利于真菌分解，没有废物排出。不仅如此，生物制浆法还是个节能大项目，与传统化学制浆法相比较，节电

66%，节煤100%，节水99.8%，节省原料植物资源50%以上。所以，生物纸浆的生产成本仅是化学纸浆的50%。

技术进步为制浆产业带来了新生，制浆取材于林，更要反哺于林，只有维护绿水青山，才能久久为新，持续发展。

4. 华文驭纸四海行（纸浆流通）

武以定邦，文以载道，而纸以载文。

作为文房四宝之一，中国人对于纸产品的需求量始终居高不下，而如今的纸由于制作原料、工艺的多样化，用途已经远远超过文化书写以及印刷的范畴，生活中形色各异的纸无处不在，因此对于纸产品的依赖俨然已经成为一种绝对的刚性需求。中国是全球造纸行业最重要的成长型市场，2017年中国纸及纸板的生产量和消费量均居全球第一位，约占全球总量的1/4。

然而纸浆生产与消费在地域分布上矛盾重重，体现着撑死“富人”、饿死“穷人”的尴尬局面，所以纸浆在世界范围内的流通对于不同国家之间的以盈补缺十分重要。

联合国粮食及农业组织（FAO）数据显示，2017年全球纸浆产量达1.86亿吨。从产地分布看，北美、欧洲和亚洲是纸浆产量最大的三个区域，拉美地区涨势迅猛，成为第四大纸浆生产区域。从国家角度看，2017年纸浆产量最大的前5位国家分别为美国、巴西、加拿大、中国和瑞典，这5个国家占全球纸浆总产量比例高达60.14%。全球纸浆的生产体现着少数几家独大的局面，需求与供给存在严重的地域差异。

2017年，世界纸浆进口量和出口量分别为5 756.1万吨和5 488万吨。拉美地区是最大的纸浆净出口地区，而亚洲是最大的纸浆净进口地区。从国家来看，巴西、加拿大、美国、智利和印度尼西亚是世界纸浆出口前五大国家，占世界纸浆出口总量的比重为64.12%；中国、美国、德国、意大利和韩国是世界纸浆进口前五大国家，占世界纸浆进口总量的比重合计为60.54%。

在全球纸浆进口总量排名前列的国家中，后四位国家进口总量之和也不及中国一国的进口量，中国纸浆进口大国的地位不可动摇，国内纸浆产量远远不能满足日益高涨的消费需求。

从贸易方式看，中国进口纸浆以一般贸易方式为主，进口量为 620.6 万吨，占比为 60% 左右，加工贸易方式进口纸浆占比为 15%—20%，以海关特殊监管方式进口纸浆占比为 15%—20%，边境小额贸易进口纸浆占比不超过 5%。纸浆进出口经营企业则以外商投资企业为主导，但是国有企业进口大幅增长，外商投资企业进口纸浆占比 50% 左右，而民营企业、国有企业进口纸浆占比分别为 25% 左右。

5. 千言万纸生百态（纸浆消费）

纸制品主要分为文化用纸、包装用纸、生活用纸以及特种纸。

文化用纸包括涂布印刷纸、未涂布印刷书写纸、新闻纸等。其中涂布印刷纸主要以铜版纸为主；未涂布印刷书写纸包括胶版纸、书写纸、轻型纸、静电复印纸等。

包装用纸包括箱板纸、瓦楞纸、白卡纸、白板纸等。

生活用纸包括卫生纸、面巾纸、手帕纸、餐巾纸、厨房纸巾、纸尿裤等。

特种纸按产量来看，主要包括特种包装纸（食品、医用包装纸），装饰原纸，无碳复写纸，热敏纸等。

所以，从日常使用的印刷书写用纸，吃饭用到的餐巾纸、手帕纸，到包装装饰所用的特种纸，真的是"一纸在手，天下我有"！

从生产量和消费量来看，中国的纸产品体量可谓是"称霸"世界。国家统计局数据显示，2017 年中国全行业主营业务收入累计完成 15 203 亿元，同比增长 3.51%。2017 年中国纸及纸板生产量 11 130 万吨，同比增长 2.53%；总消费量 10 897 万吨，同比增长 4.59%，人均年消费量为 78 千克（13.9 亿人）。2007—2017 年，纸及纸板生产量年均增长率 3.77%，消费量年均增长率 3.59%。2017 年中国纸制品生产量 6 801 万吨，同比减少 5.41%；消费量 6 513 万吨，同比减少 5.76%。2007—2017 年，纸制品生产量年均增长率 8.77%，消费量年均增长率 9.00%。

2017 年中国生产量及消费量增幅较大的纸制品主要包括生活用纸、箱板纸和特种纸。由于生活水平的提高，生活用纸生产量和消费量分别增长 4.35%和 4.22%。受电子媒体和无纸化办公趋势的冲击，新闻纸的生产及消费量有较大幅度减少。

6. “三都”一赋洛纸贵（纸浆价格影响因素）

1700 多年前，西晋文学家左思著《三都赋》：“思摹二京而赋三都，其山川城邑则稽之地图，其鸟兽草木则验之方志。风谣歌舞，各附其俗；魁梧长者，莫非其旧。”《三都赋》既成，京城民众竞相传抄，造成纸张供不应求，一时洛阳纸贵。

纸价上涨表面上是因为左思的一篇文章，但归根结底还是因为人们对纸产品的供给与需求产生了扰动因素，从而影响市场价格。造成纸价波动的影响因素不止这一个，许多因素都可以从供给端和需求端对纸产品价格产生影响。

木浆的供给可以从以下几个方面详细分析。

首先是生产成本方面。木浆基本上是木材厂的副产品，其主要原料以木材边角料为主，中短期内主要原料不用当成生产成本的主要因素来考虑，木浆的成本更多在人工成本、辅助原料以及燃料动力等方面。

其次是木浆的库存。一般情况下，全球生产商漂针浆和漂阔浆平均库存天数分别为 30 天和 40 天。2018 年 9 月，全球生产商漂针浆和漂阔浆库存天数分别为 33 天和 41 天。

再次是产能和产量，需要关注计划内外产能的新增、关停和转换情况。意外停产将使得实际产量远小于最大产能。

最后是木浆的进口方面。中国是世界上最大的木浆进口国，木浆进口依赖度高。因此，中国纸浆存在政治风险（出口国政治稳定性等），贸易风险（贸易开放程度、汇率波动等），运输风险（运输距离、运输方式）等诸多风险。

木浆的需求主要由下游技术和产业发展、季节、产品储备、产品特性以及国家政策和宏观经济形势共同决定。2017 年全球漂针浆总需求量约 2 572 万吨，中国漂针浆消费量为 815 万吨。

行业下游消费包括文化用纸消费、包装用纸消费、生活用纸消费三个方面。其中文化用纸主要下游是印刷行业，例如印刷发行书籍课本和杂志报纸等；包装用纸的主要下游是各行业产成品的包装需求和快递物流，快递物流一般春节月份低，随后逐月上升，在年末达到当年最高值；生活用纸已经接近最终消费品。

在宏观层面，造纸行业被称为社会和经济的晴雨表，造纸行业反映经济周期和经济发展。此外，国际形势、行业政策和技术升级也会对造纸行业产生一定的影响（见图 18）。

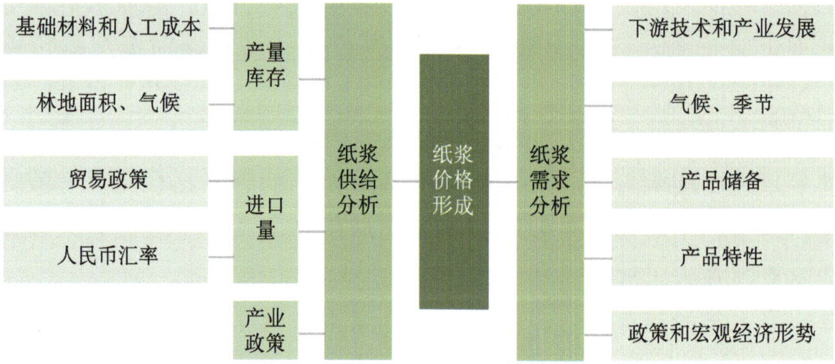

图 18　纸浆价格供需分析

7. 良纸佳“期”赴“约”至（纸浆合约概览）

2018 年 11 月 27 日，上海期货交易所正式挂牌上市纸浆期货。交易标的为漂白硫酸盐针叶木浆，简称漂针浆，英文缩写 NBKP。它是以针叶木为原料，采用硫酸盐法蒸煮、漂白后制得的一种化学纸浆。漂针浆是“纸浆之王”，是商品纸浆中应用最为广泛的，根据不同的针叶树、蒸煮漂白工艺和操作条件，几乎可以生产所有的纸种。

纸浆期货的上市旨在提高漂针浆价格发现及国际议价能力，为行业提供价格发现和套期保值工具，从而支持造纸行业稳步健康发展（见表 17）。

表 17　　上海期货交易所漂白硫酸盐针叶木浆期货合约

项　目	合　约　内　容
交易品种	漂白硫酸盐针叶木浆
交易单位	10 吨/手
报价单位	元（人民币）/吨
最小变动价位	2 元/吨
涨跌停板幅度	上一交易日结算价 ±3%
合约月份	1—12 月
交易时间	上午 9：00—11：30，下午 1：30—3：00 以及交易所规定的其他交易时间
最后交易日	合约月份的 15 日（遇国家法定节假日顺延，春节月份等最后交易日交易所可另行调整并通知）
交割日期	最后交易日后连续 5 个工作日
交割品级	漂白硫酸盐针叶木浆，具体质量规定见附件*
交割地点	交易所指定交割仓库
最低交易保证金	合约价值的 4%

续表

项　目	合 约 内 容
交割方式	实物交割
交割单位	20 吨
交易代码	SP

注：* 质量规定：(1) 用于实物交割的漂针浆，其抗张指数、耐破指数和撕裂指数三个指标应当符合或优于 QB/T1678-2017《漂白硫酸盐木浆》中针叶木浆一等品质量规定，尘埃指标应当符合或优于优等品质量规定，且 D65 亮度指标应当不小于 87%。

(2) 每一标准仓单的漂针浆，应当是交易所认可的生产企业生产的指定品牌，应当附有相应的质量证明书。

(3) 每一标准仓单的漂针浆，应当是同一生产厂生产、同一品牌的正品浆商品组成。

(4) 漂针浆交割以实测风干重计重。每一标准仓单的溢短不超过 ±5%，重量误差不超过 ±1%。

(5) 每一标准仓单应当载明重量和件数。包装应当符合交易所的相关规定。

(6) 标准仓单应当由交易所指定交割仓库按规定验收合格后出具。

后 记

历经三年多的辛勤工作，《“讲故事　学期货”金融国民教育丛书》终于与读者见面了！

《“讲故事　学期货”金融国民教育丛书》用图书的方式，打造一套具有标识性的投资者教育产品，在系统、全面介绍期货行业全貌、入市应知应会的基础上布局亮点，力图用通俗易懂的语言、生动有趣的故事案例将期货知识介绍给读者，尽量避免深奥的理论阐述。

本丛书由中国期货业协会期货投资者教育专项基金资助。中国证监会投资者保护局、期货部自始至终关注期货业协会投教基地的建设和投教新产品的推出；协会领导对丛书编写工作给予高度重视和大力支持；王明伟会长多次对编写工作给出指导意见。中国期货业协会投资者教育委员会部分委员参与了丛书评审。中国财政经济出版社负责出版工作。

本书由申银万国期货有限公司的袁万勇、项歌德、汪洋、倪梦雪、傅博、周一敏、沈庆喜、邱亲伟负责主要撰稿任务，刘仲元修改定稿，陈瑞华在不同阶段参与了具体撰写工作。

鉴于水平所限，呈现给大家的书稿可能仍未达到期望。在此，我们诚恳地向读者征求意见和建议，以便在以后修订的过程中继续提高。如有错误疏漏之处，敬请读者批评指正。

“讲故事　学期货”金融国民教育丛书编写组

2019 年 12 月